Auge-Hand-Koordination

Spuren zwischen zwei Linien

1

2

Mehrmals zwischen den Linien spuren,
erst mit dem Finger, dann mit dem Bleistift.

Auge-Hand-Koordination
Linien nachspuren

1

2

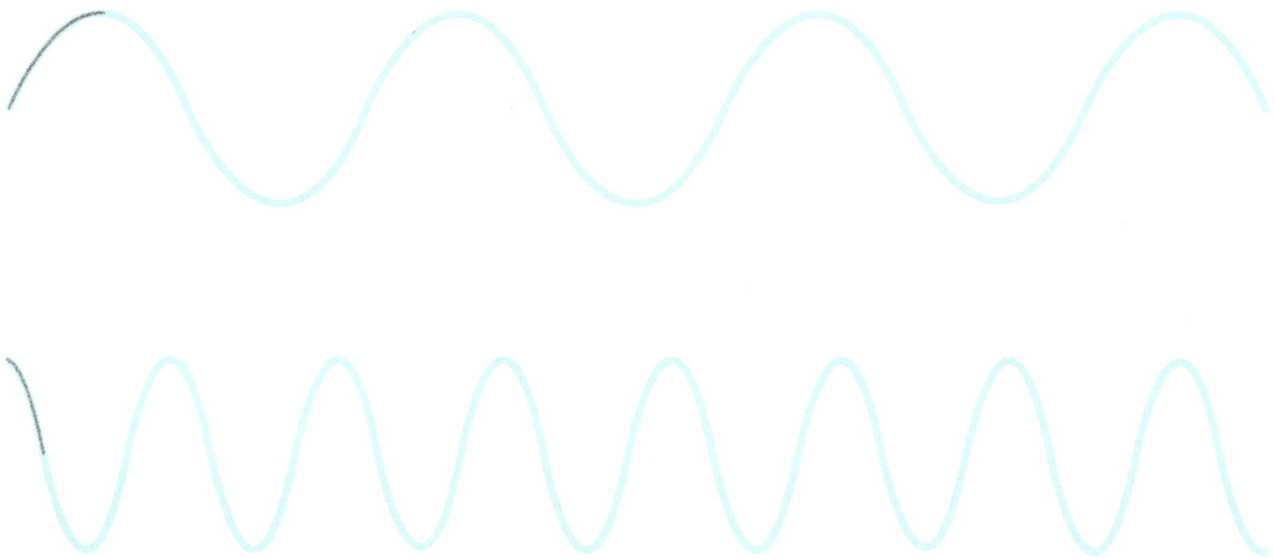

3

Linien mehrmals in einem Zug nachspuren, erst mit dem Finger,
dann mit dem Bleistift.

1

2

3

Linien mehrmals in einem Zug nachspuren, erst mit dem Finger, dann mit dem Bleistift.

Auge-Hand-Koordination

Passendes verbinden

1

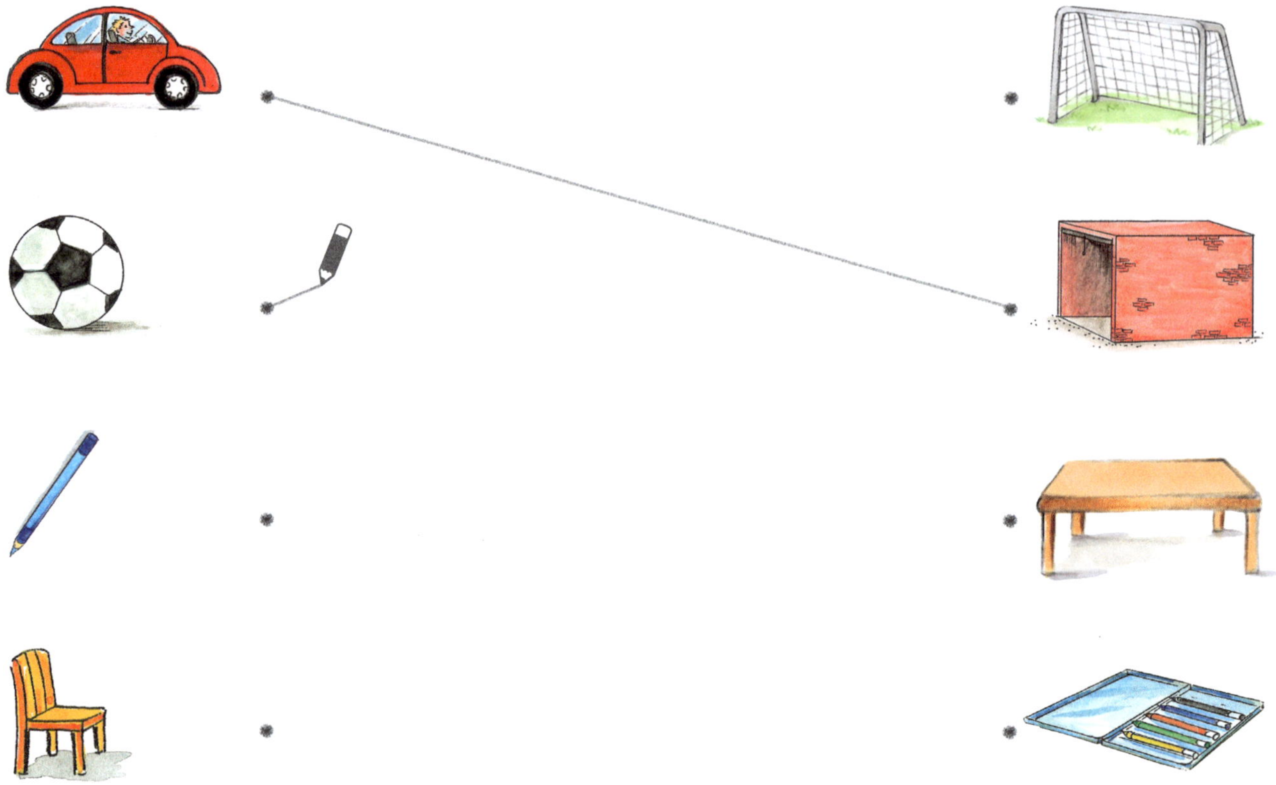

2

Passendes auf dem kürzesten Weg verbinden,
erst mit dem Finger, dann mit dem Bleistift.

Figur-Grund-Wahrnehmung
Tiere

Welche Tiere siehst du? Kreuze an.

1

2

3

Tiere finden und ankreuzen. Ein Tier bleibt jeweils übrig.

Paare finden

1

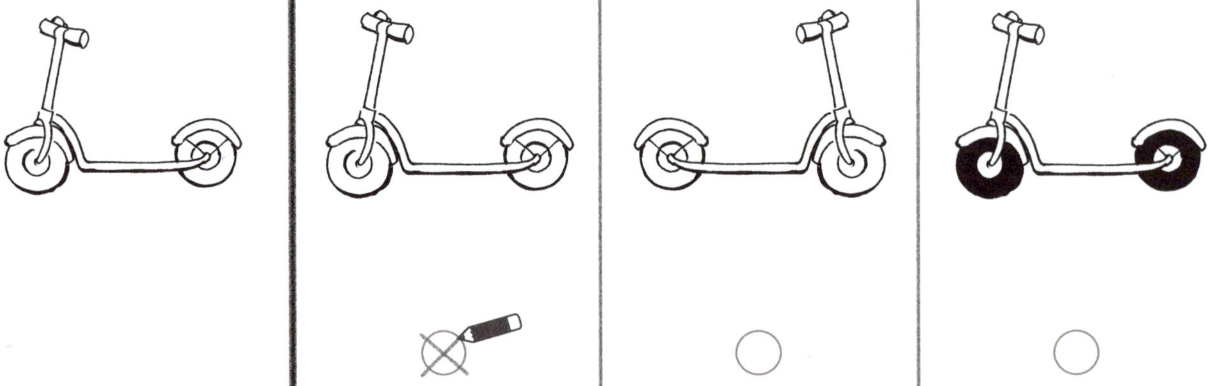

2

3

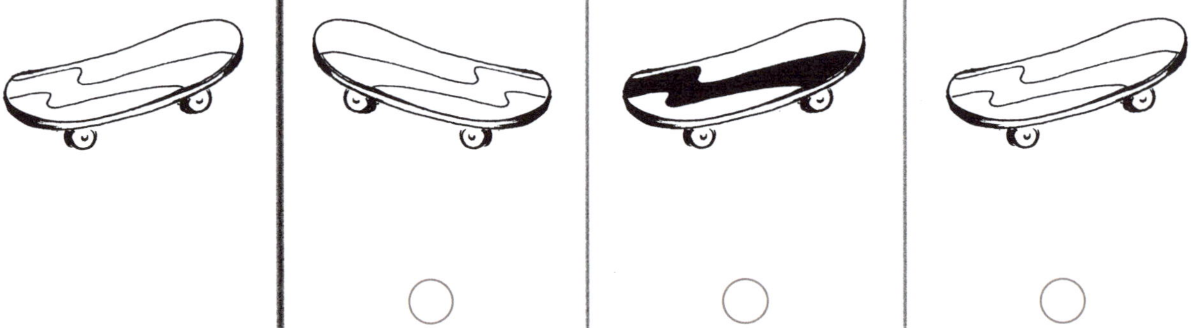

4

Gleiche Bilder ankreuzen.

1

2

3

4

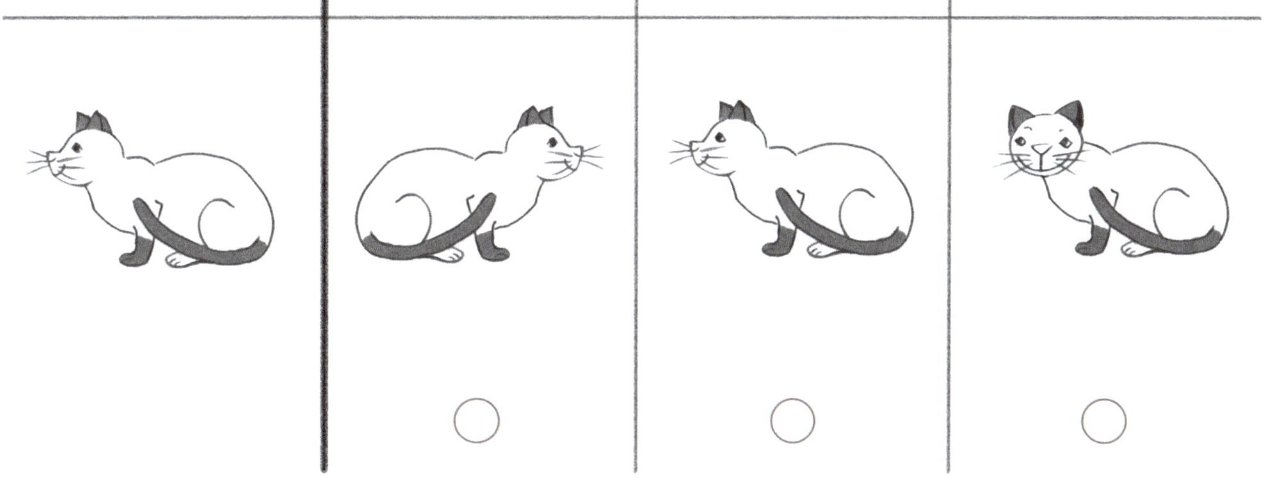

Gleiche Bilder ankreuzen.

1

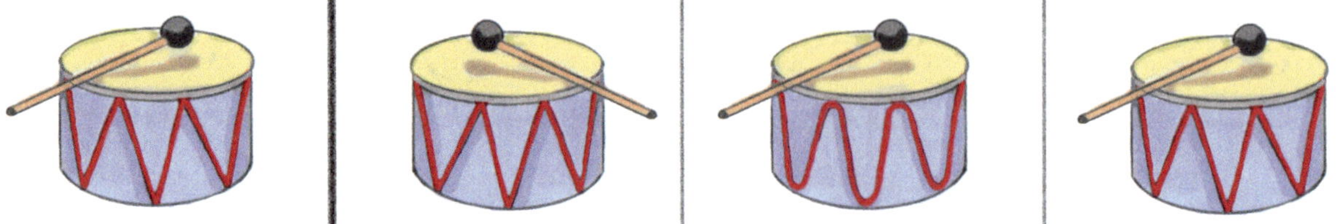

2

3

4

Gleiche Bilder ankreuzen.

1

2

3

4

Gleiche Bilder ankreuzen.

Eins-zu-Eins-Zuordnung
Gegenstände

1

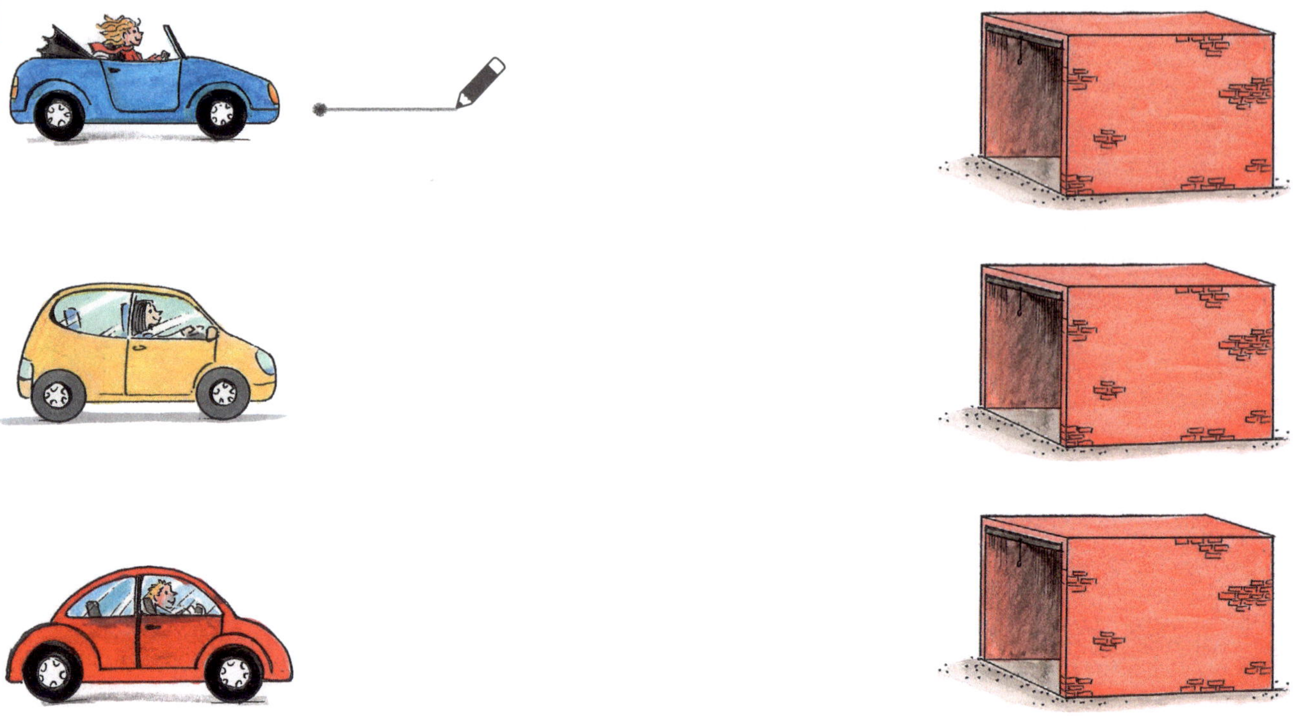

2

Autos mit den Garagen, Hunde mit Hütten verbinden.
Besprechen, dass es gleich viele Autos und Garagen, Hunde und Hütten sind.

Eins-zu-Eins-Zuordnung

Formen

1

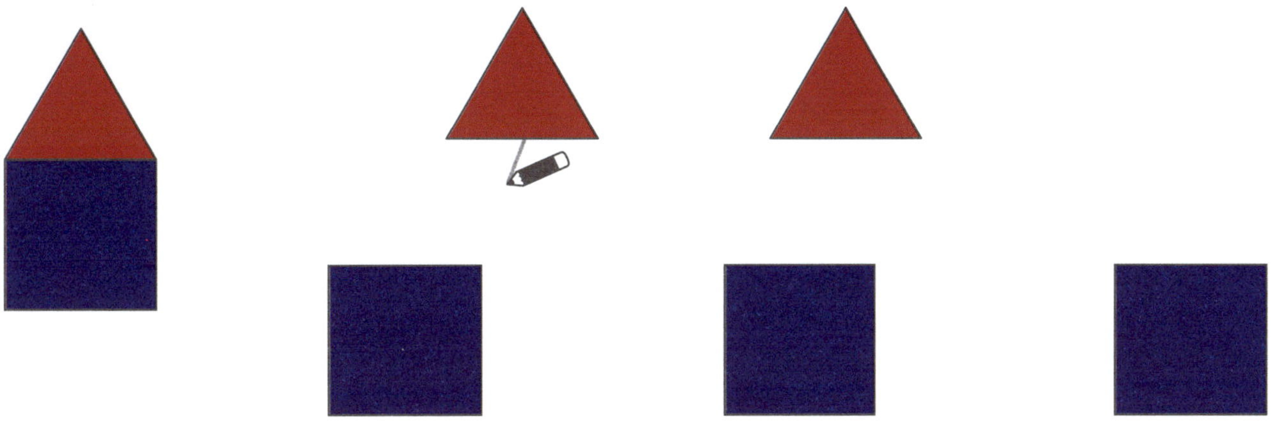

2

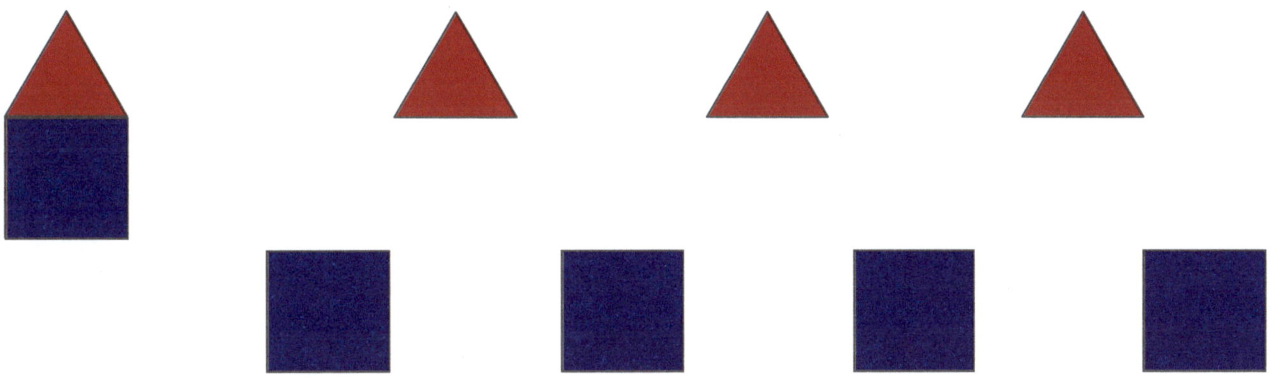

3

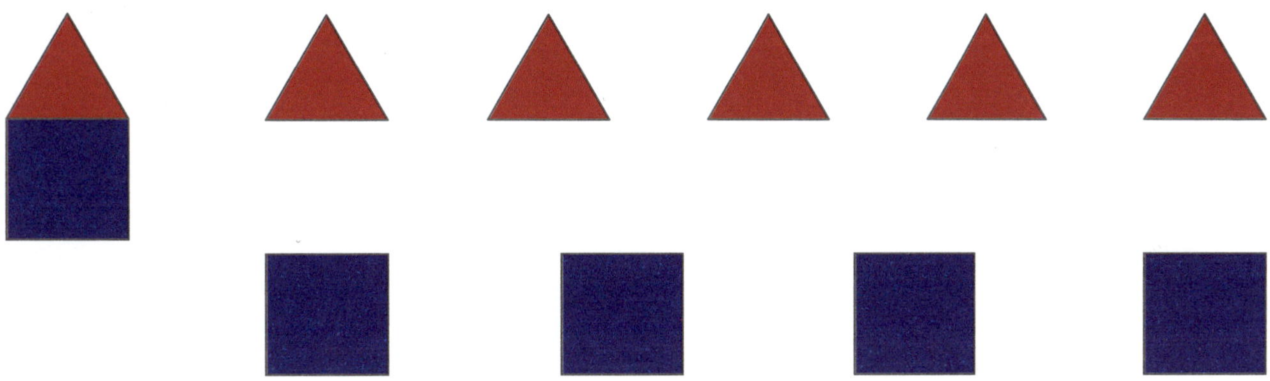

Dreiecke und Quadrate (zu Häusern) verbinden.
Besprechen, dass es nicht gleich viele Dreiecke und Quadrate sind.
Evtl. mit Material legen.

1

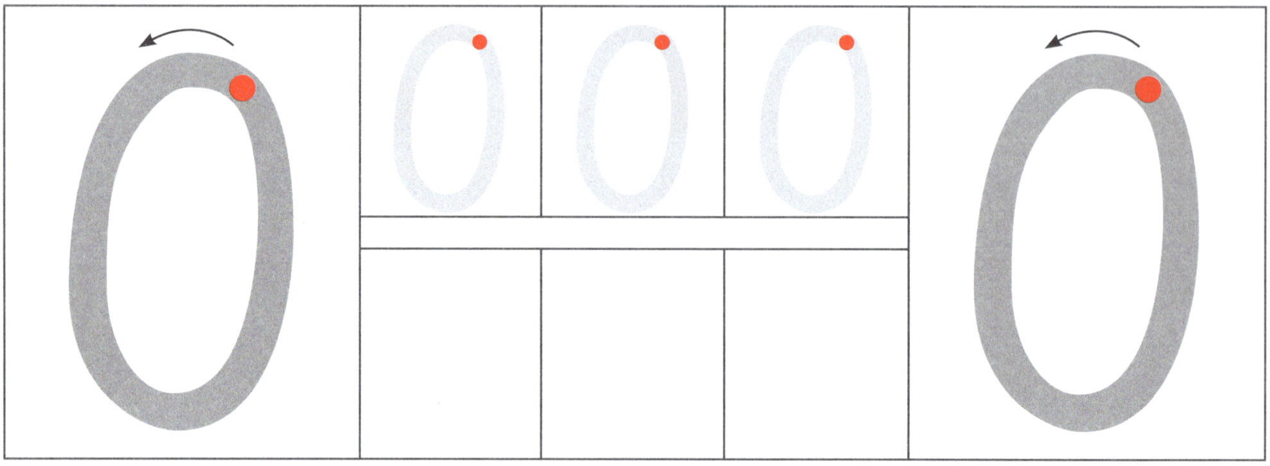

2

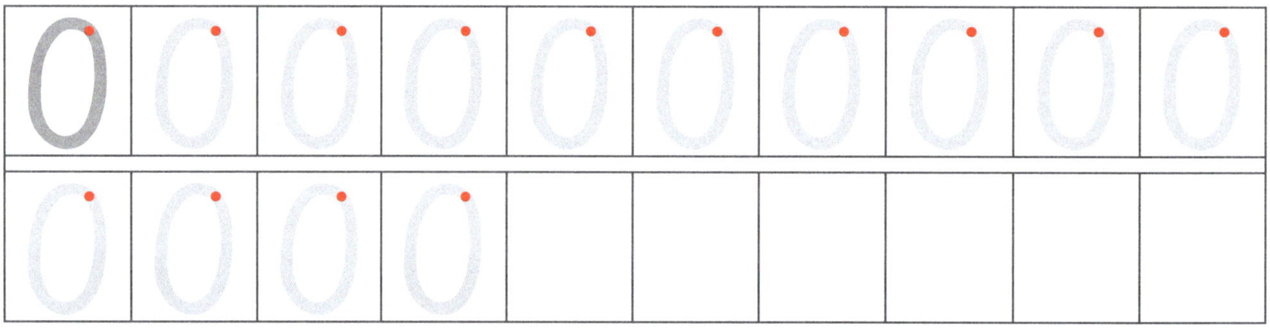

3

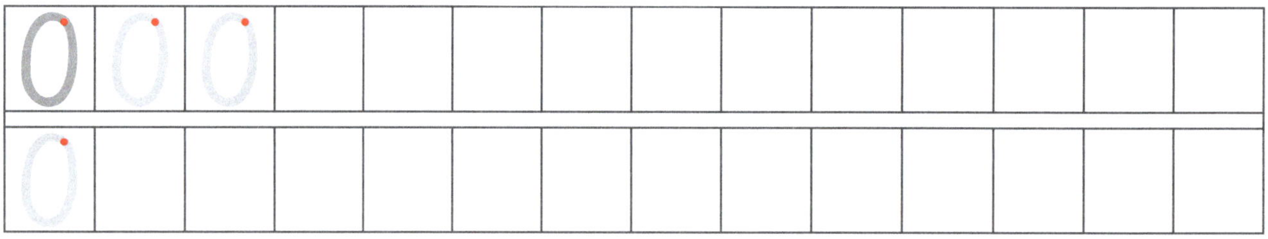

4

1, 2 und 3 Ziffern nachspuren und weiterschreiben.
4 Linien mehrmals in einem Zug nachspuren, erst mit dem Finger, dann mit dem Bleistift.

1

2

3

4

1

0

1, 2 und 3 Ziffern nachspuren und weiterschreiben.
4 Anzahlen bestimmen.

1

2

3

4

2

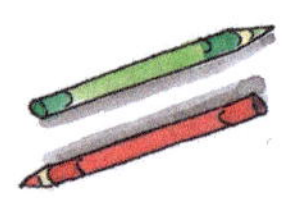

1, 2 und 3 Ziffern nachspuren und weiterschreiben.
4 Anzahlen bestimmen.

1

2

3

4

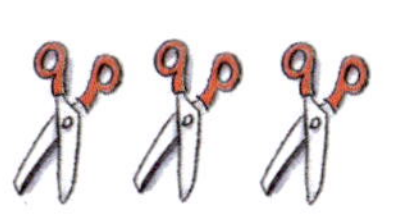

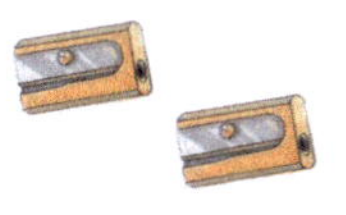

1, 2 und 3 Ziffern nachspuren und weiterschreiben.
4 Anzahlen bestimmen.

Ziffernschreibkurs
Die Zahl 4

1

4 4

2

4

3

4

4

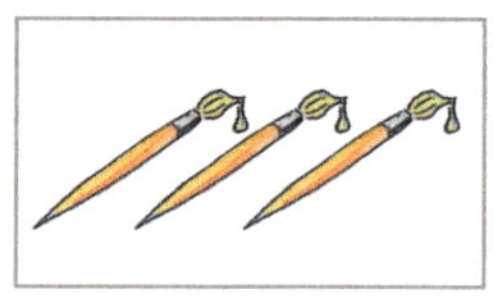

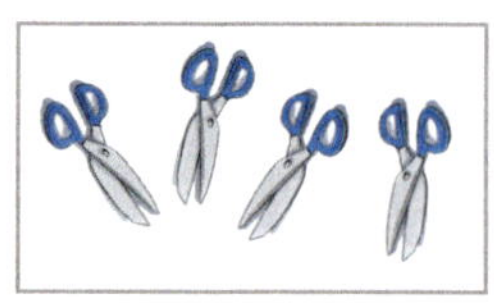

1, 2 und 3 Ziffern nachspuren und weiterschreiben.
4 Anzahlen bestimmen.

1

5 5 5 5 5

2

5 5 5 5 5 5 5 5 5 5

5 5 5 5

3

5 5 5

5

4

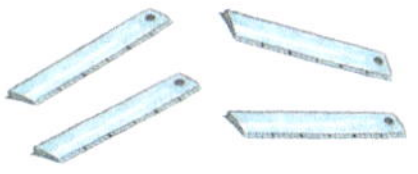

1, 2 und 3 Ziffern nachspuren und weiterschreiben.
4 Anzahlen bestimmen.

1

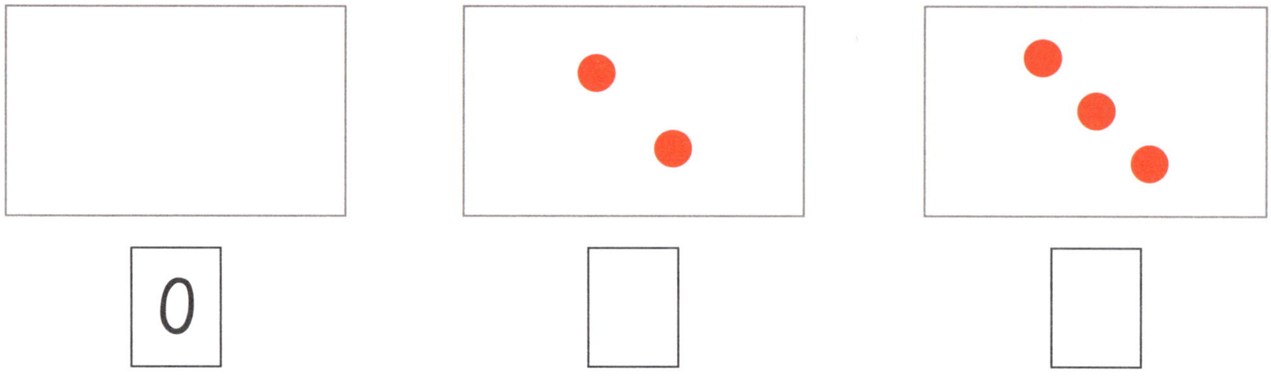

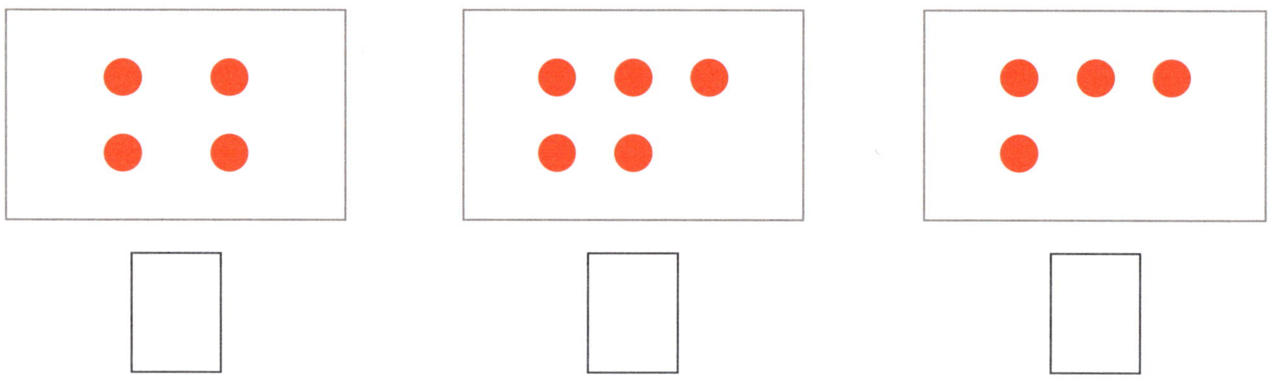

2

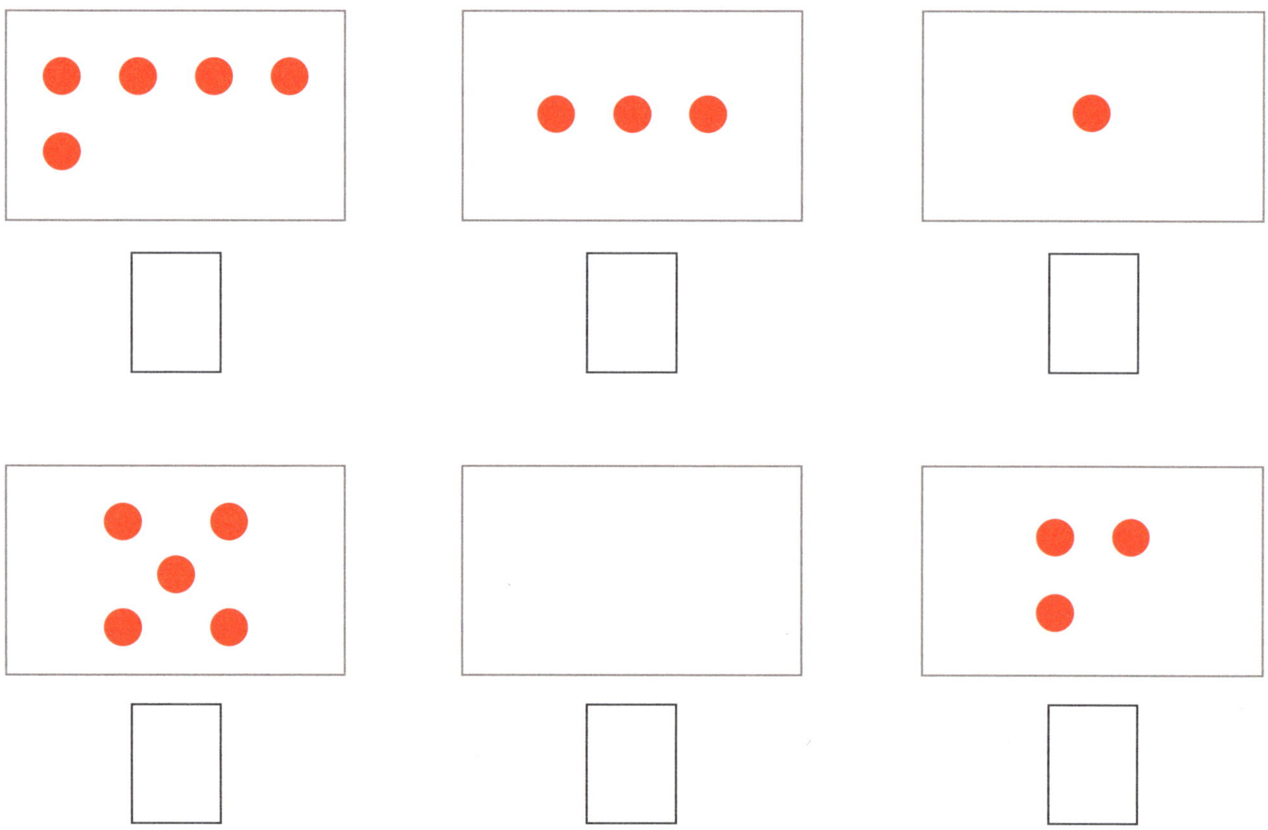

Anzahlen bestimmen.

Menge-Zahl-Zuordnung
Mengen und Zahlen bis 5

1

3 1 4

2 5 3

2

4 1 2

2 3 5

Anzahlen zeichnerisch darstellen.

1

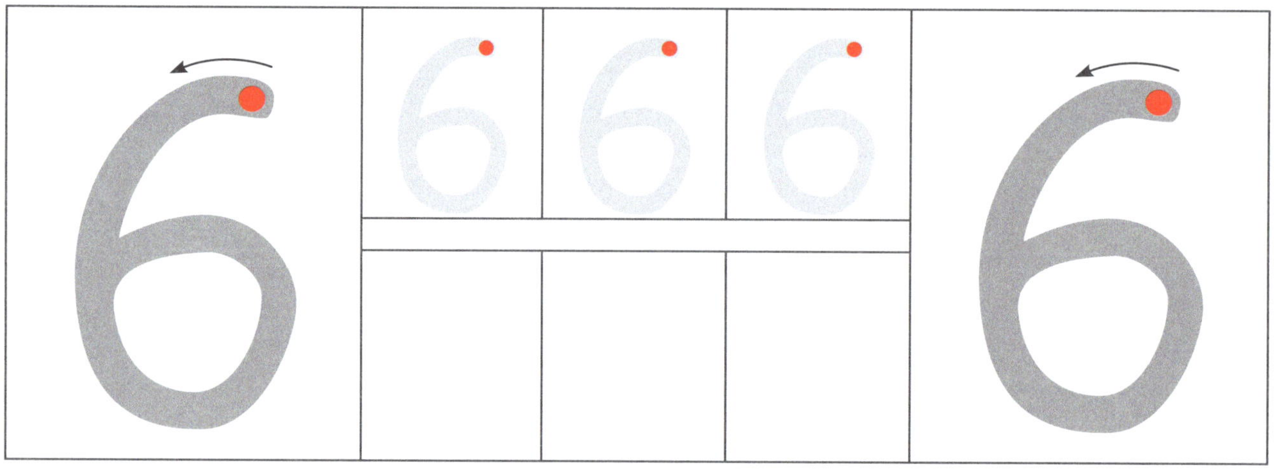

2

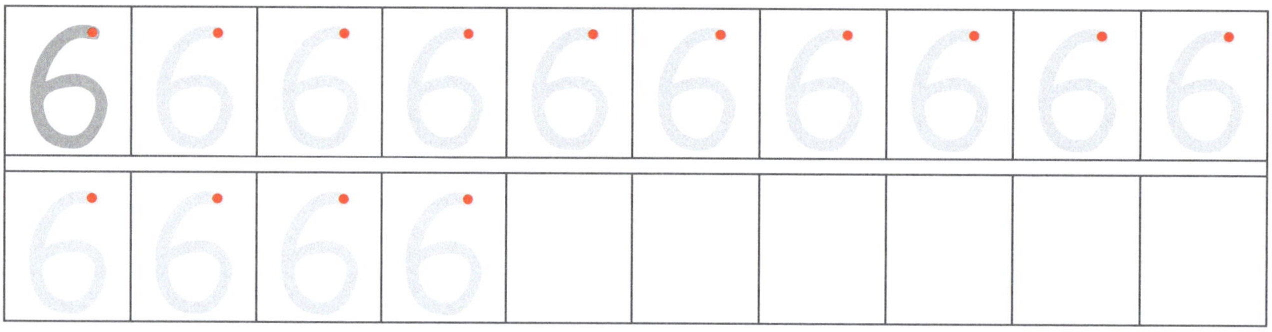

3

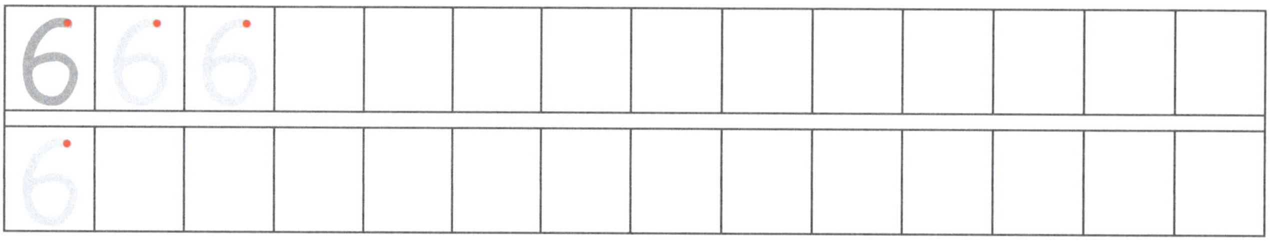

4 Immer **6**.

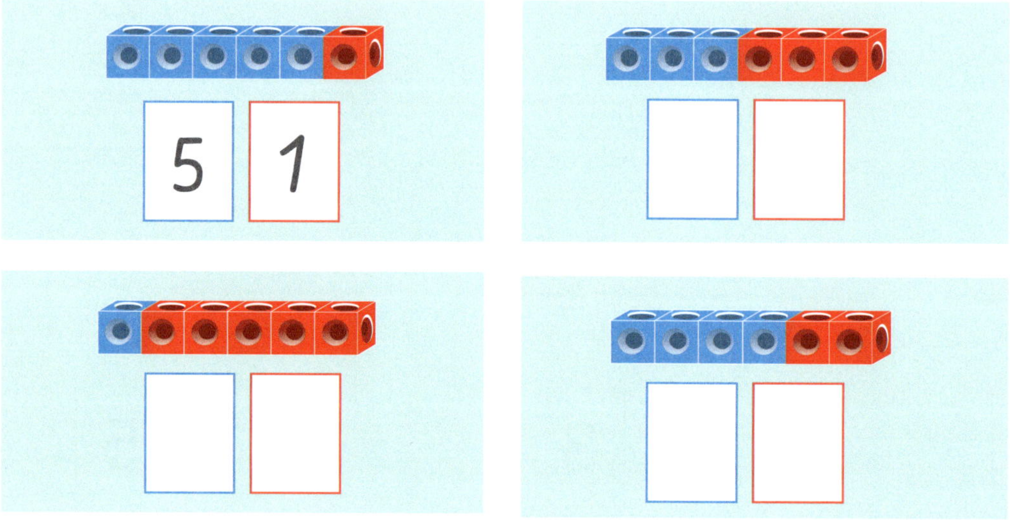

1, 2 und 3 Die Ziffern nachspuren und weiterschreiben.
4 Zerlegungen notieren.

|	||	|||	||||	卌	卌 |
1	2	3	4	5	6

1

||	卌	|||
2		

卌	||||	卌 |

|	卌 |	|||

2

3	2	1
|||		

5	4	6

1 Zahlen eintragen.
2 Striche zeichnen.

1

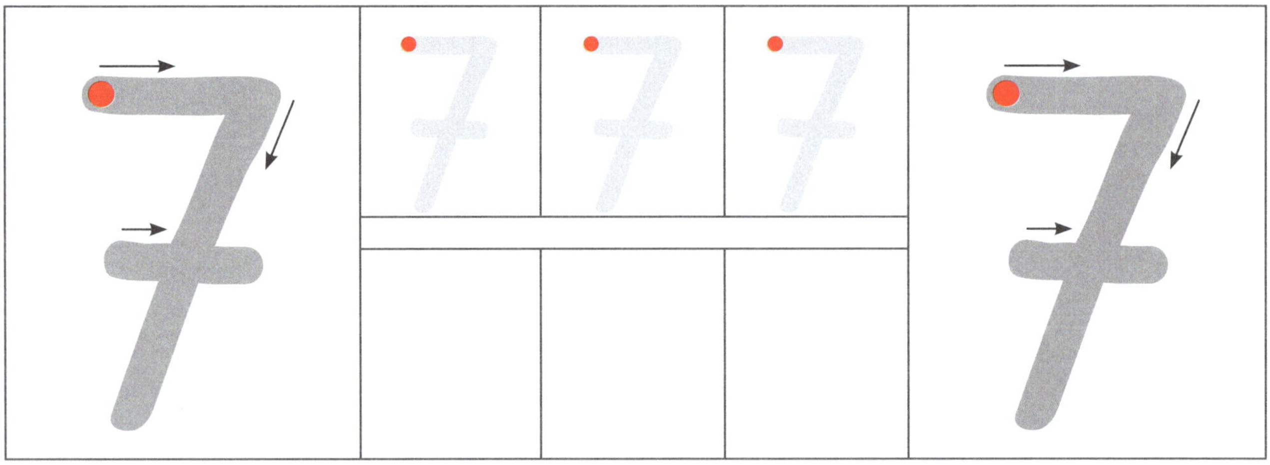

2

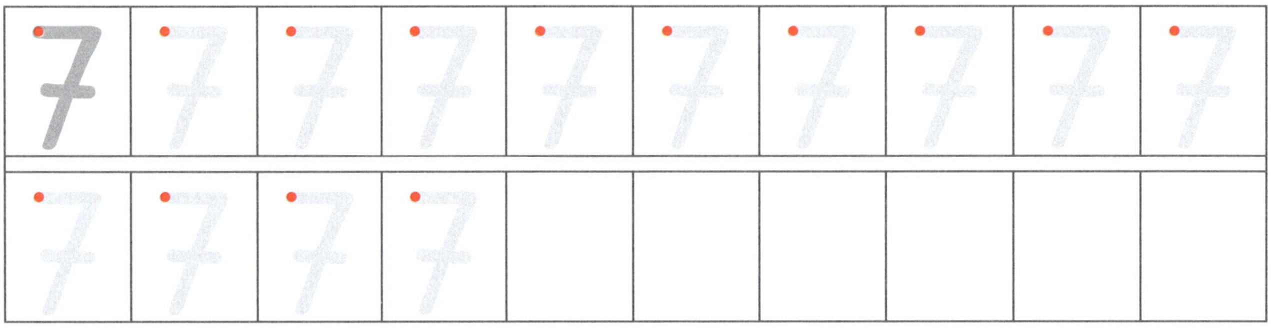

3

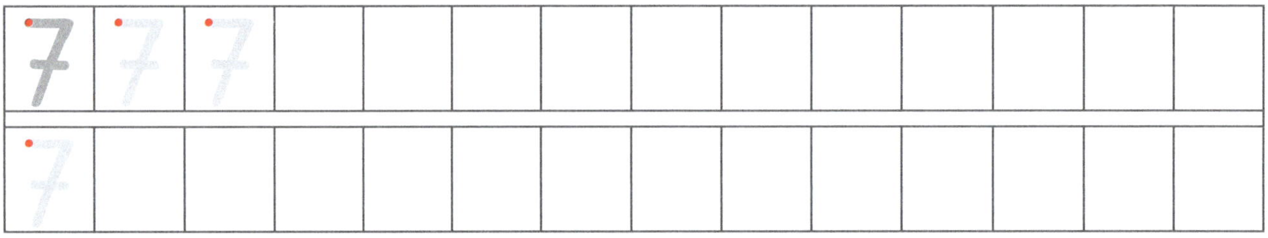

4 Immer **7**.

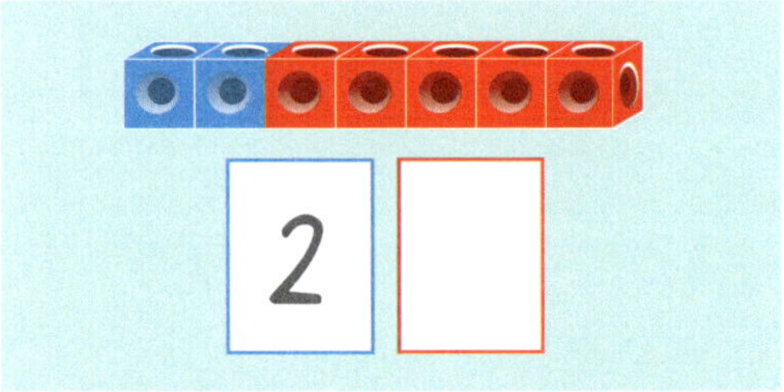

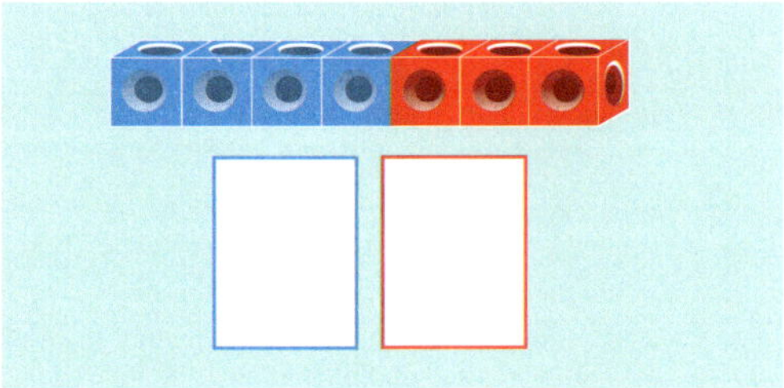

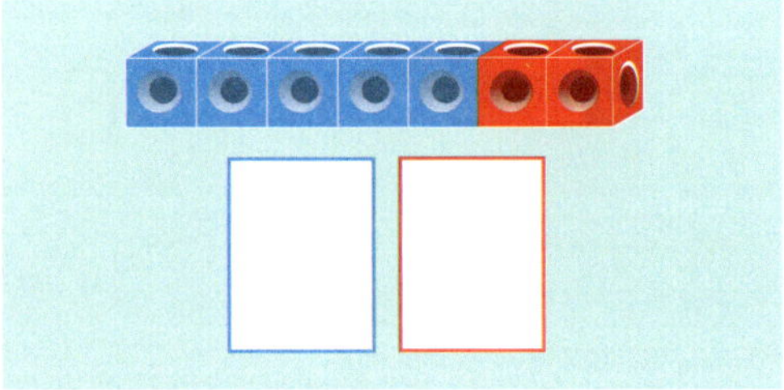

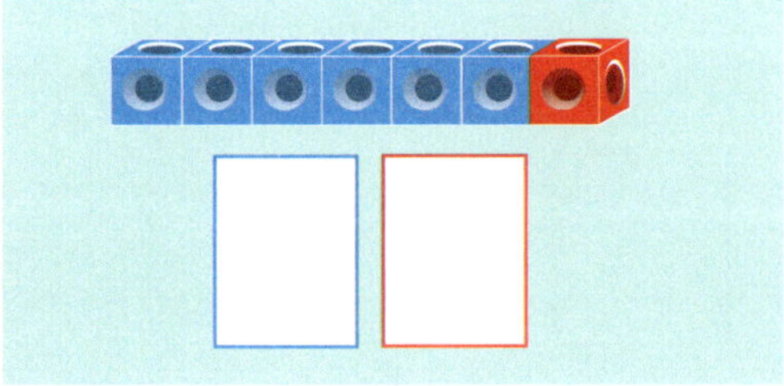

1, 2 und 3 Die Ziffern nachspuren und weiterschreiben.
4 Zerlegungen notieren.

1

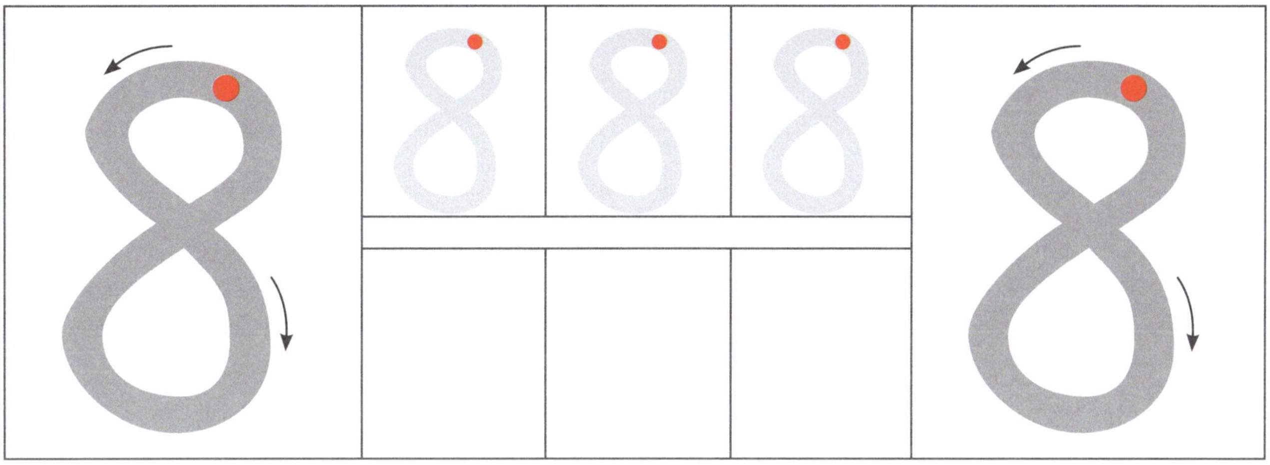

2

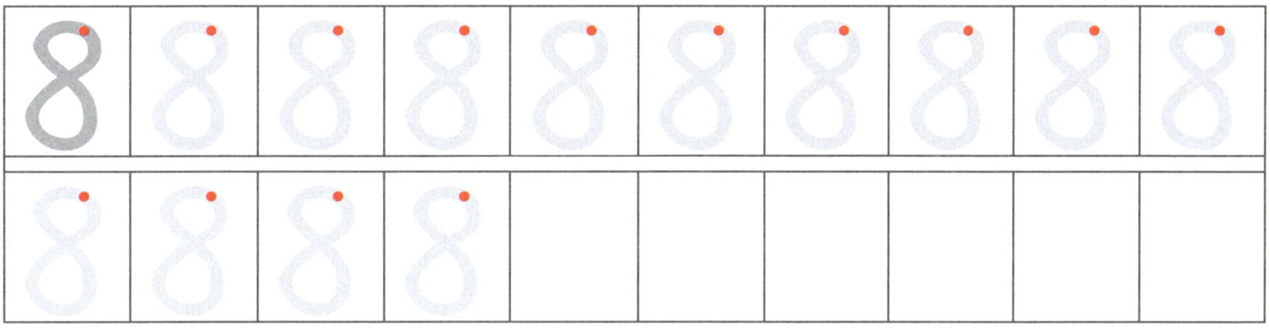

3

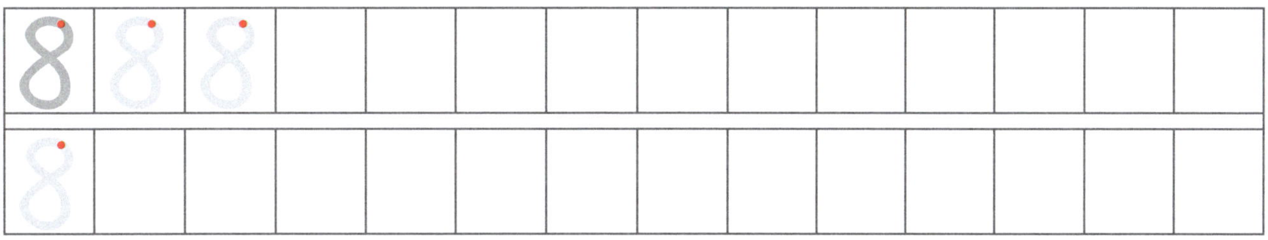

4 Immer **8**.

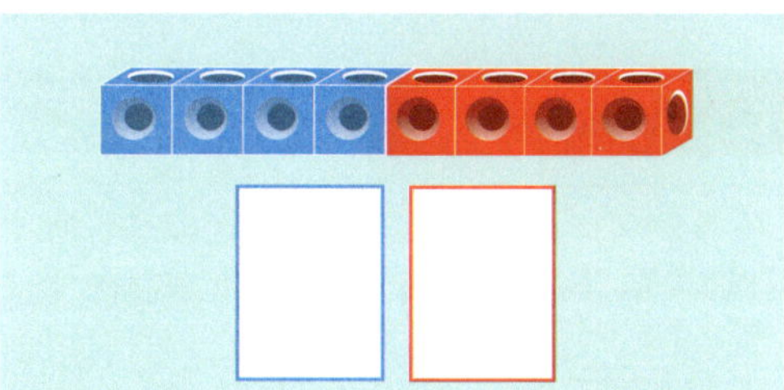

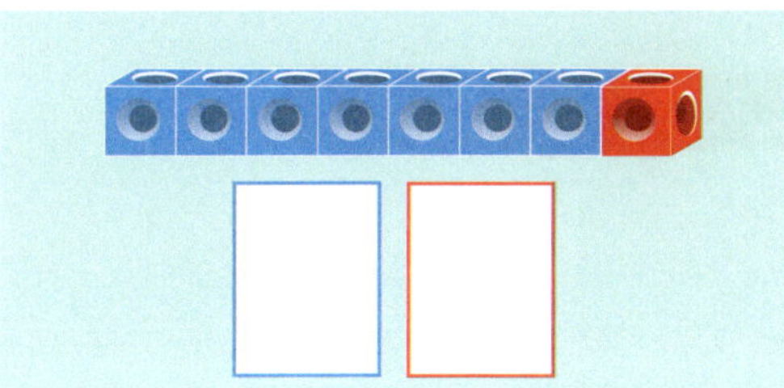

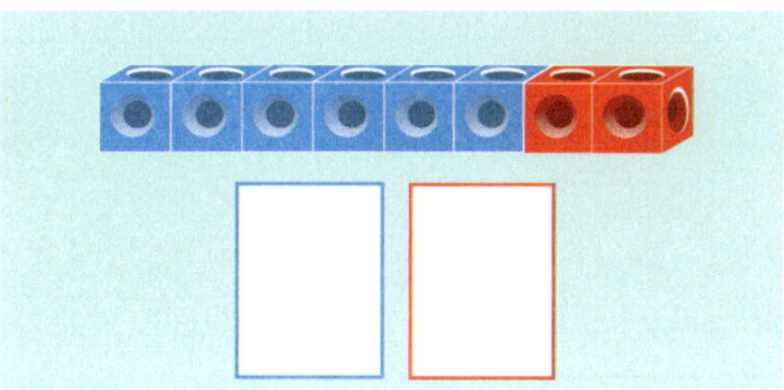

1, 2 und 3 Die Ziffern nachspuren und weiterschreiben.
4 Zerlegungen notieren.

1

2

3

4 Immer **9**.

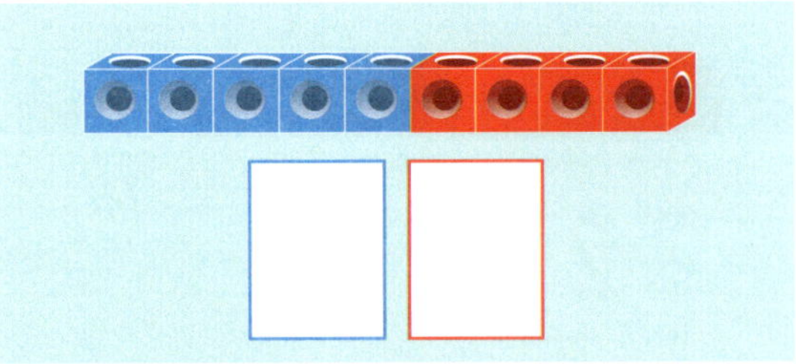

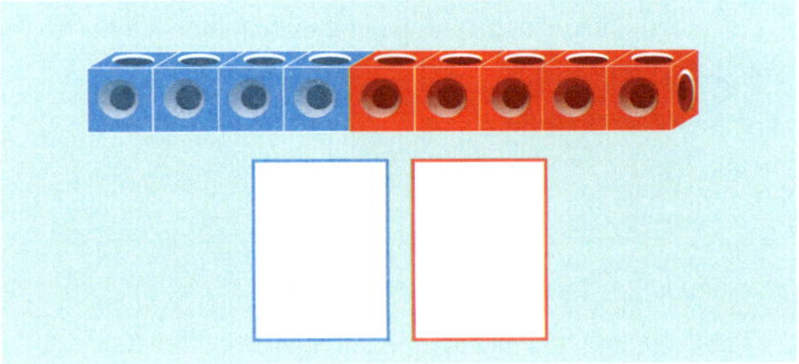

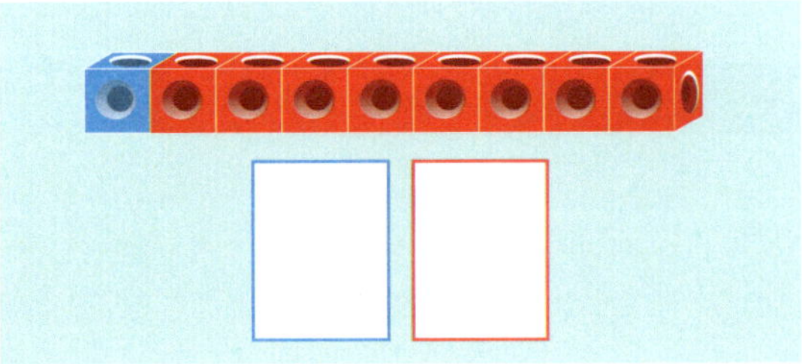

1, 2 und 3 Die Ziffern nachspuren und weiterschreiben.
4 Zerlegungen notieren.

1

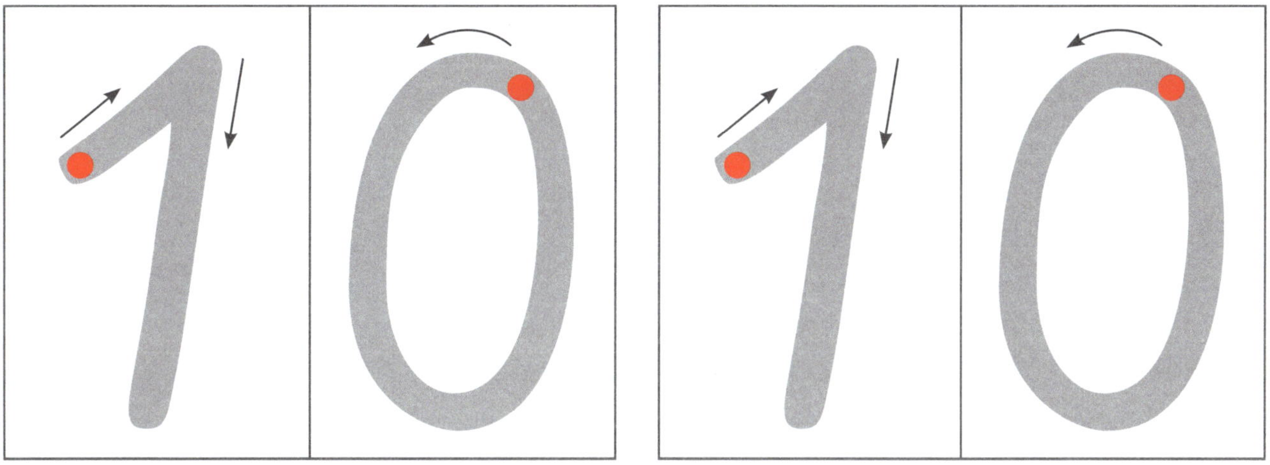

2

3

4 Immer **10**.

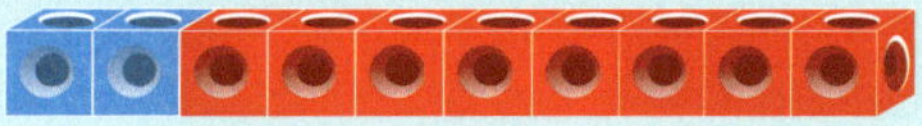

2

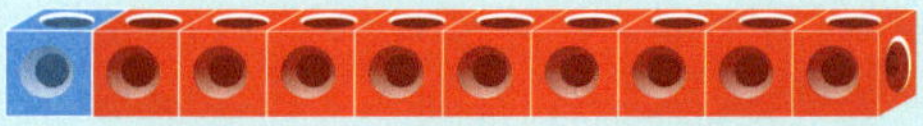

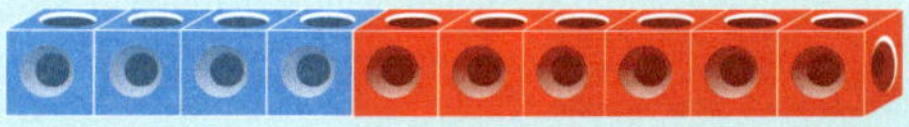

1, 2 und 3 Die Ziffern nachspuren und weiterschreiben.
4 Zerlegungen notieren.

1 Immer **10**.

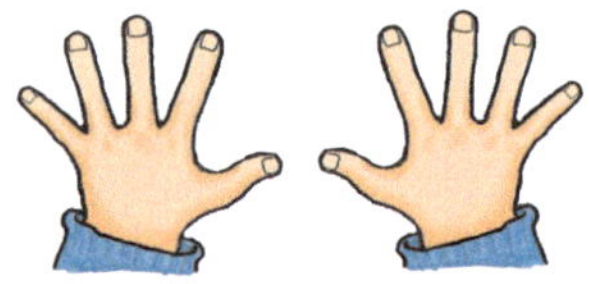

	zu sehen	versteckt
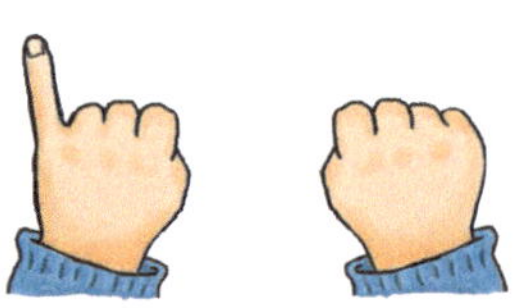	1	9
	2	
	3	
	4	
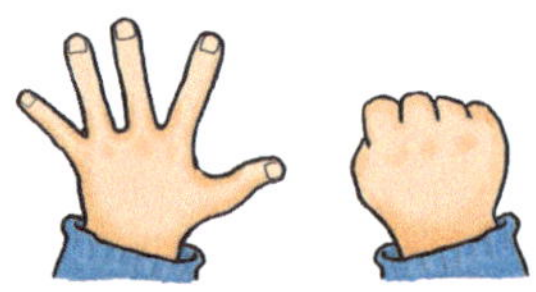	5	
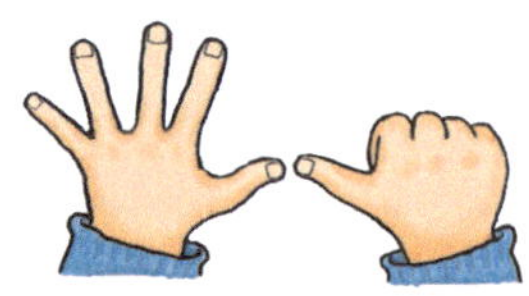	6	
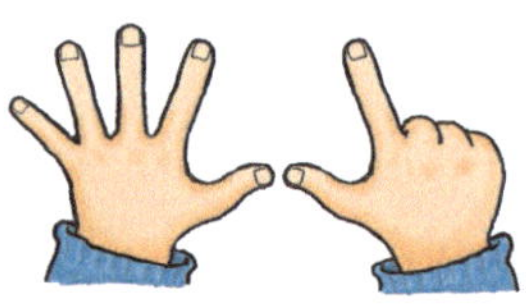	7	
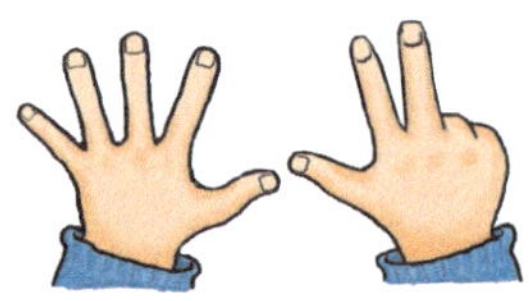	8	
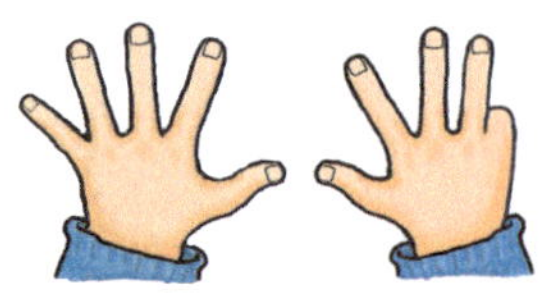	9	
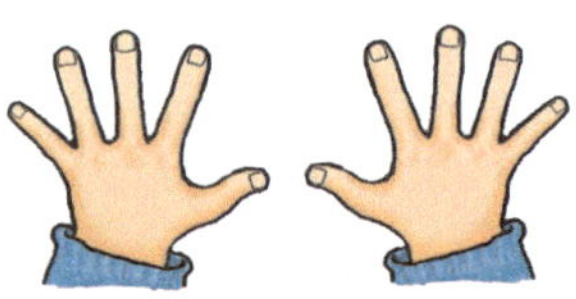	10	
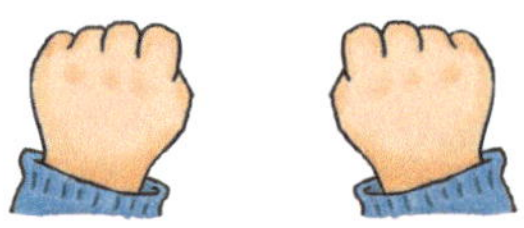	0	

Zerlegungen notieren. Zusammen immer 10.

1

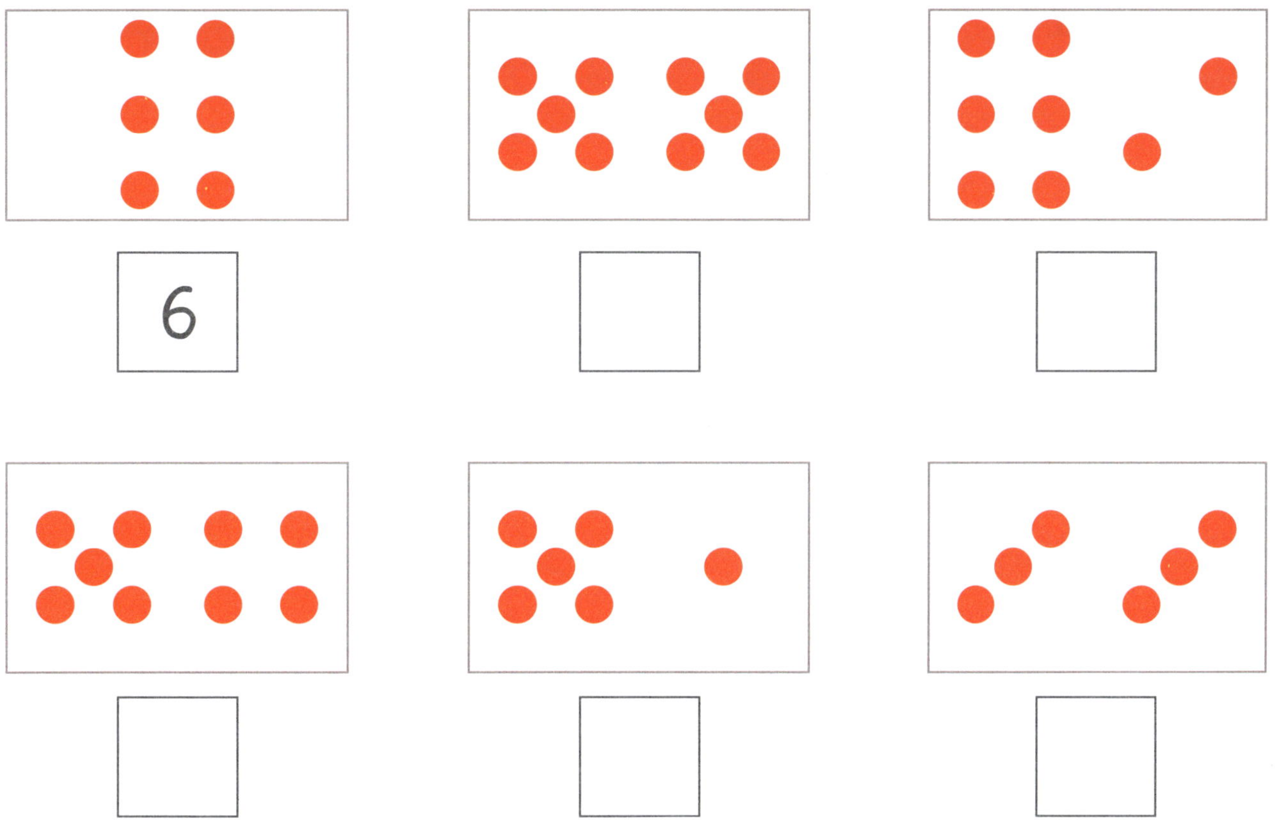

2

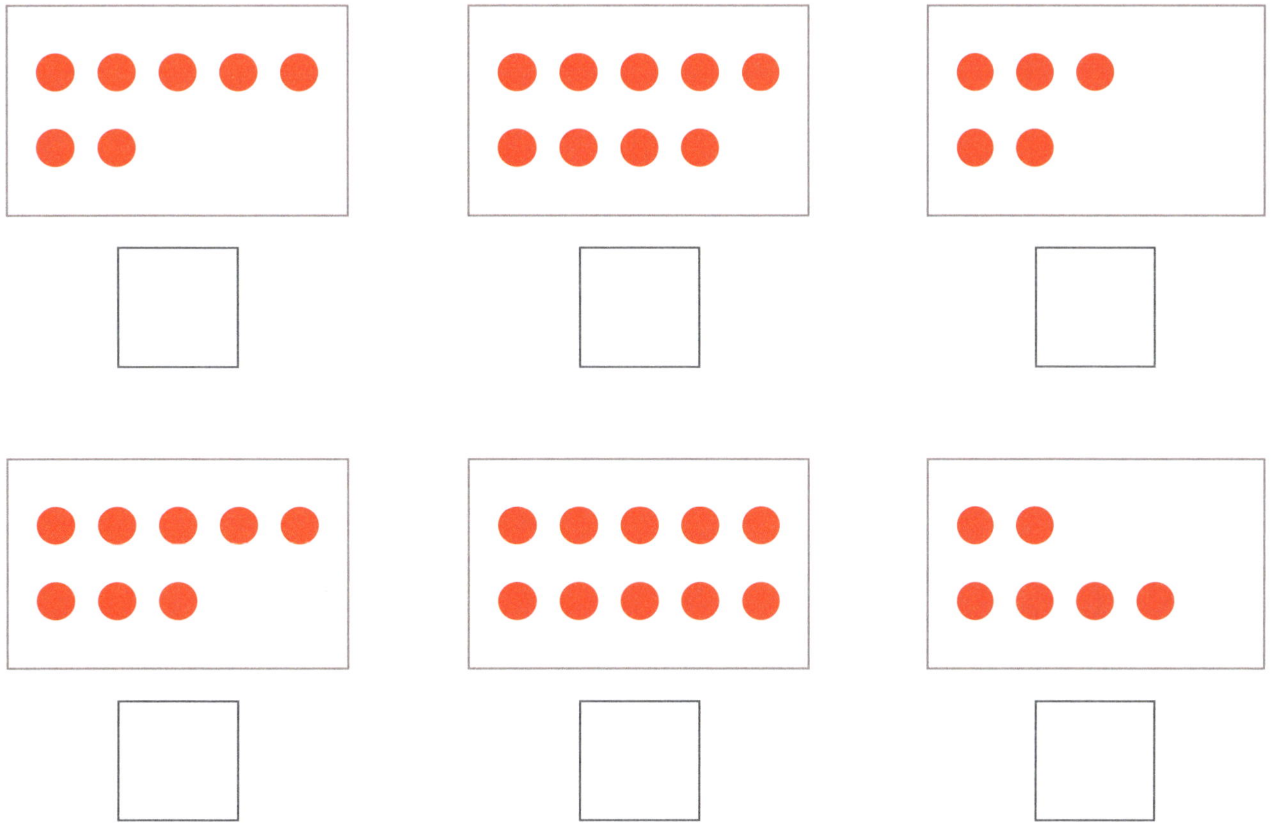

Anzahlen bestimmen.

1

6 8 7

9 0 10

2

7 6 9

10 8 7

Anzahlen zeichnerisch darstellen.

1 Zähle vorwärts.

0	1	2	3		5	6	7		9	10

0	1	2		4	5		7	8		10

0	1		3	4		6			9	10

	1	2		4		6		8		10

2 Zähle rückwärts.

10	9	8	7		5	4	3		1	0

10	9	8		6	5		3	2		0

10	9		7	6		4		2		0

10		8		6	5		3		1	

Fehlenden Zahlen eintragen.

Anzahlen auf einen Blick

Mengen erfassen

1 Wie viele?

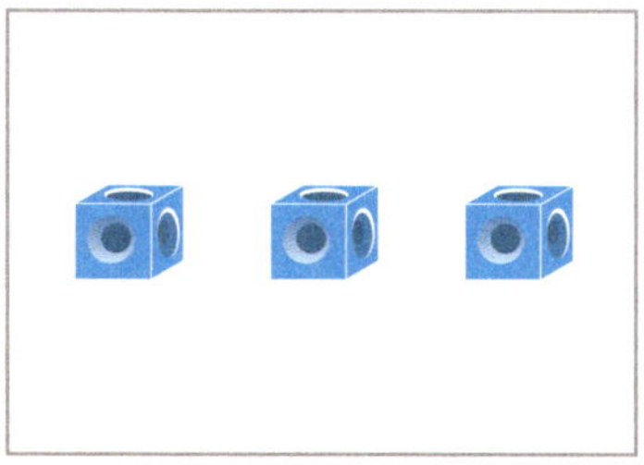

3

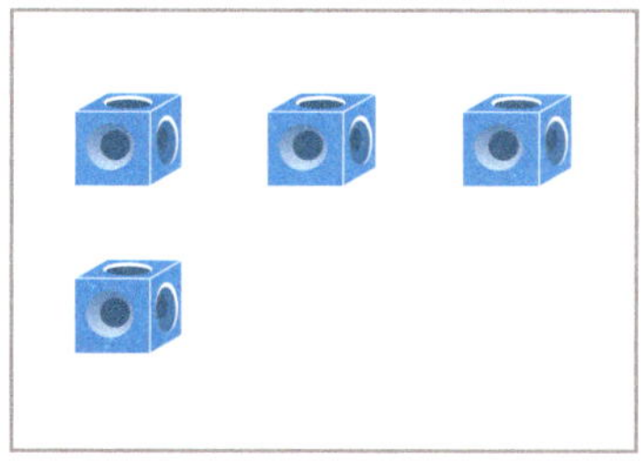

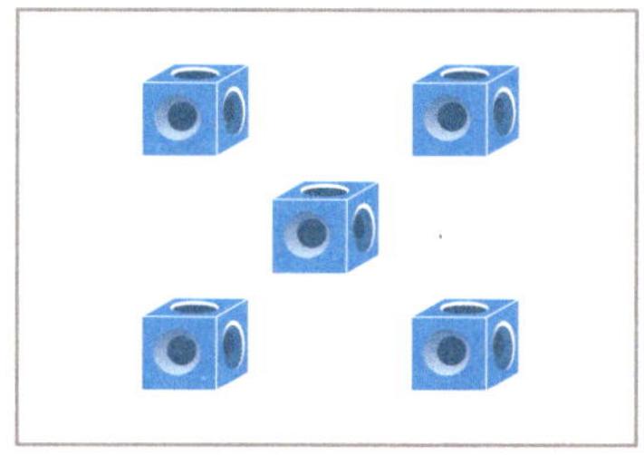

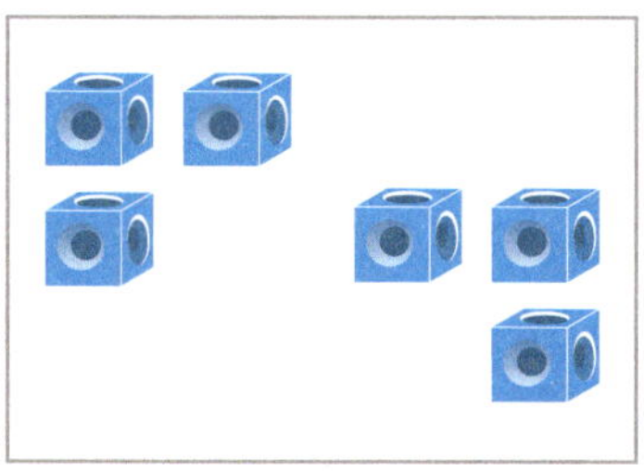

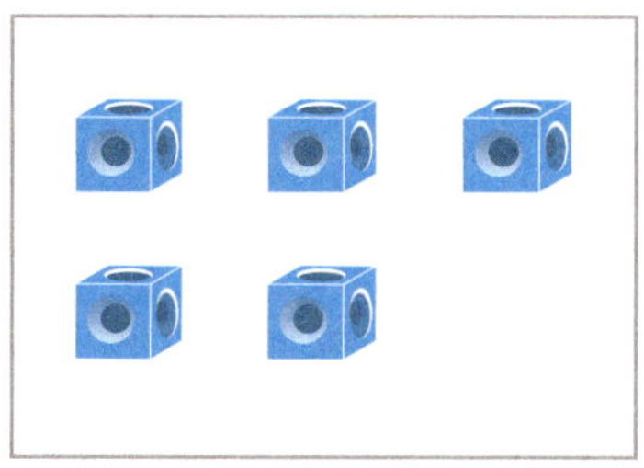

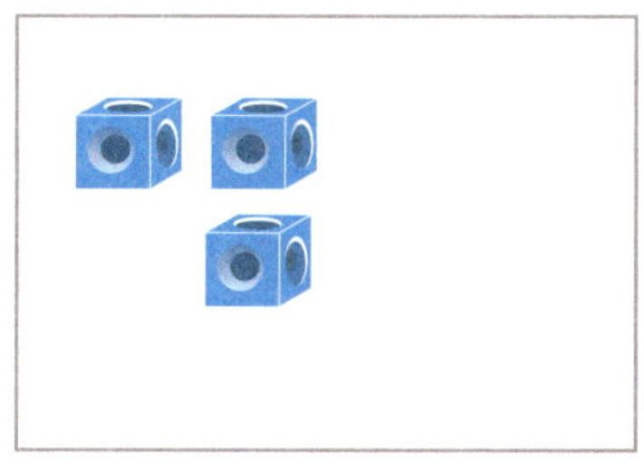

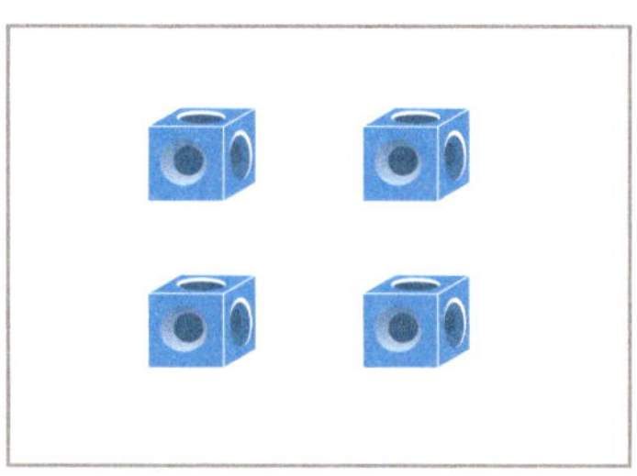

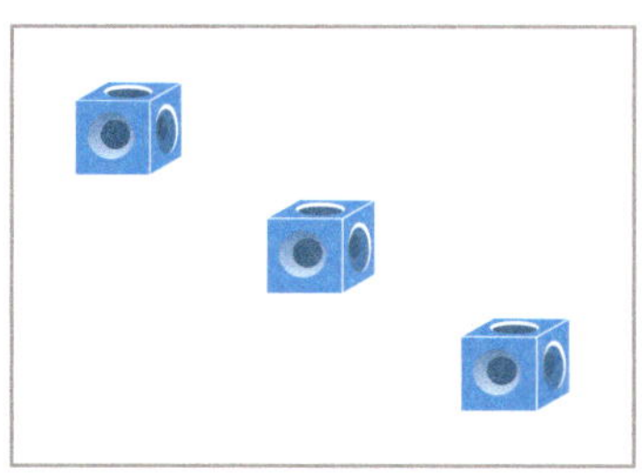

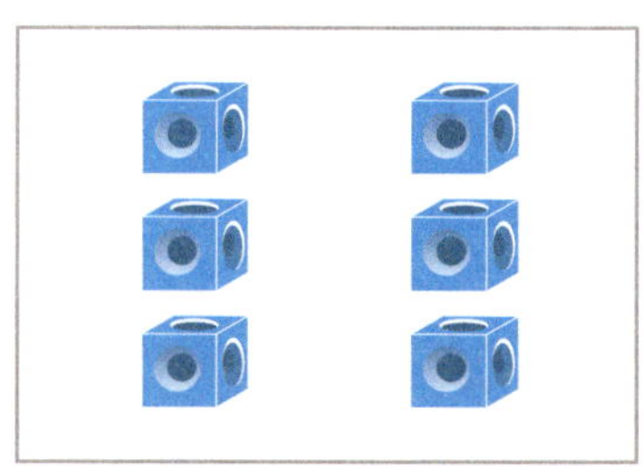

QR-Code: Erklärvideo nutzen.
Anzahlen bestimmen.

1

2 Zähle vorwärts.

0	1	2	3		5		7	8		10

0		2		4		6		8		10

0			3		5		7		9	

QR-Code: Erklärvideo nutzen.
1 Evtl. Material nutzen. Die Teilmengen zeichnerisch darstellen.

Zerlegen
Die Schüttelbox

1

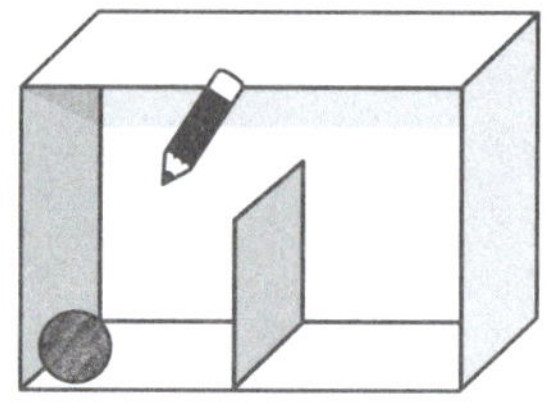

4 | 4

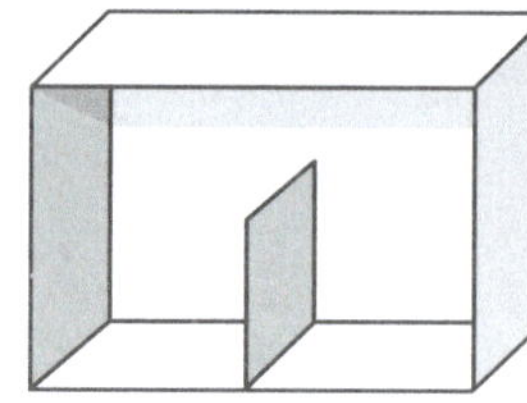

5 | 3

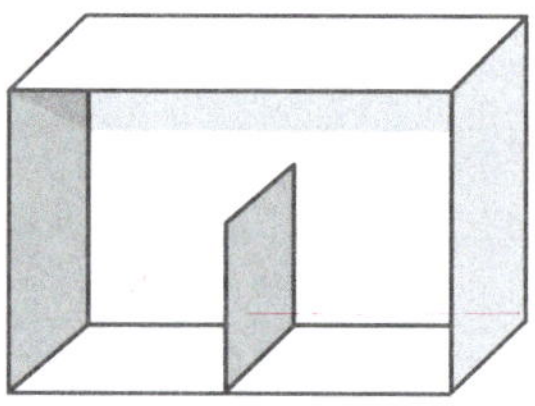

6 | 2

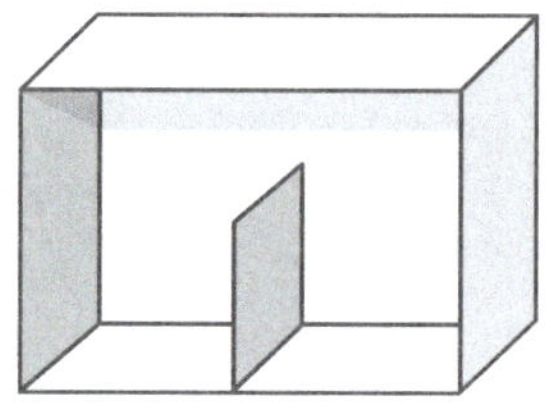

3 | 5

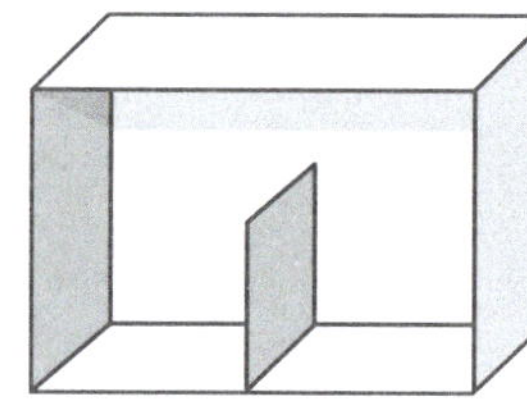

8 | 0

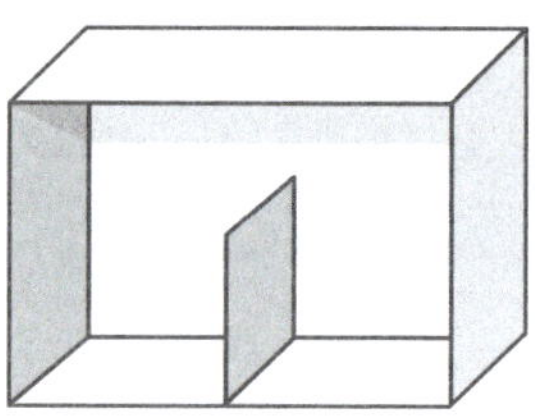

2 | 6

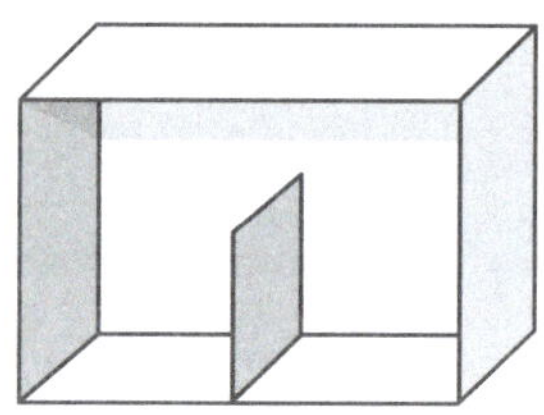

7 | 1

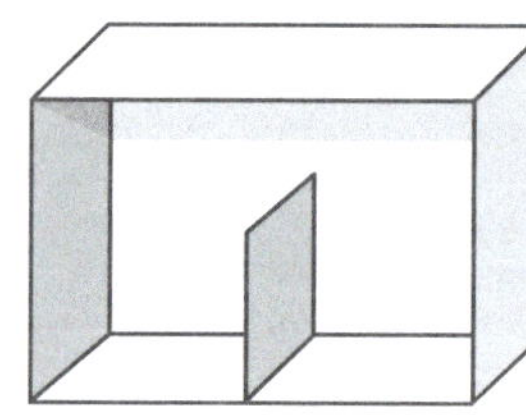

1 | 7

2 Zähle rückwärts.

10	9	8	7		5		3	2		0
10		8		6		4		2		0
10	9		7				3		1	

QR-Code: Erklärvideo nutzen.
1 Evtl. Material nutzen. Die Teilmengen zeichnerisch darstellen.

1

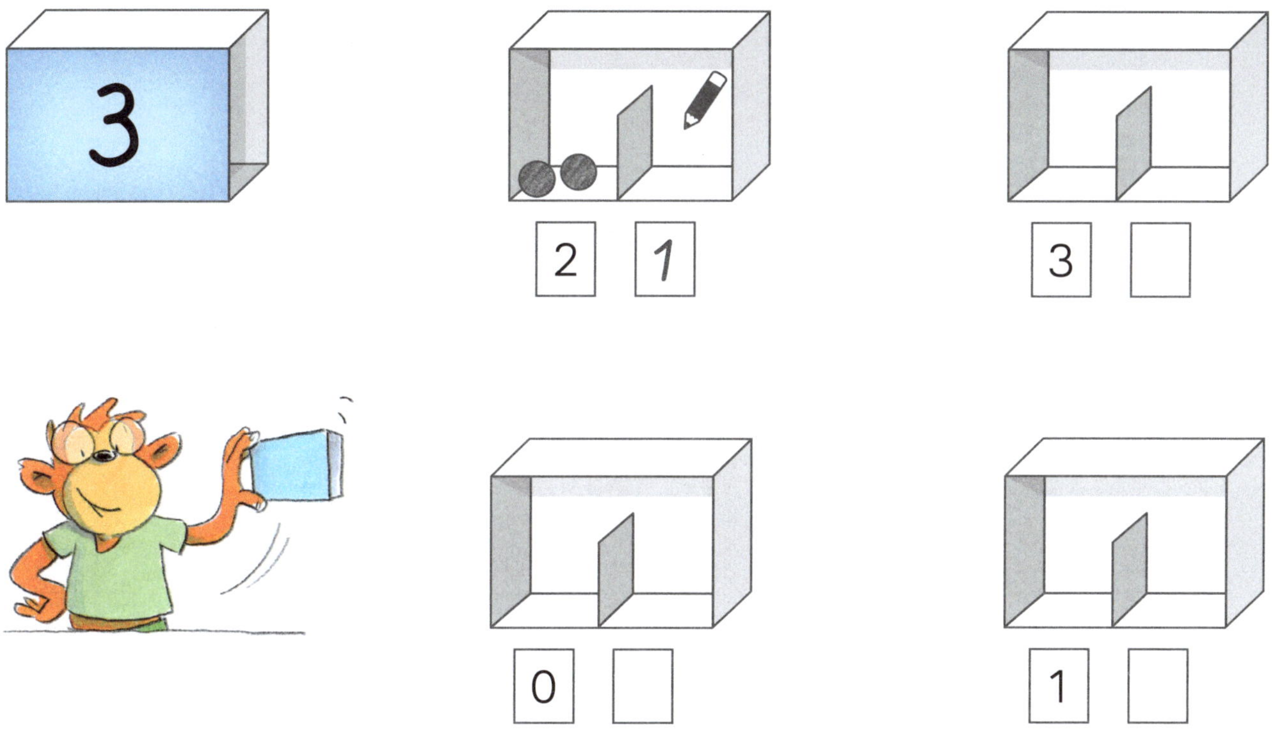

2

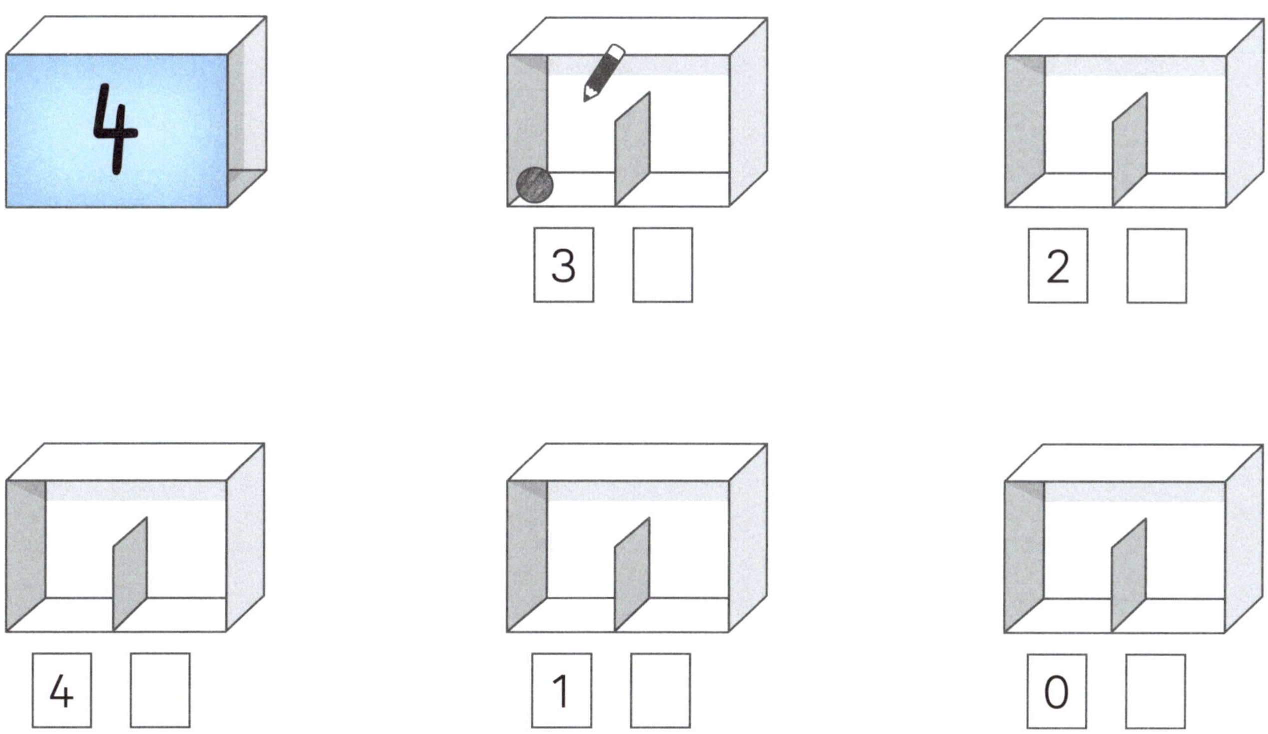

QR-Code: Erklärvideo nutzen.
Evtl. Material nutzen. Die Teilmengen zeichnerisch darstellen.
Die Zerlegungen aufschreiben.

Die Schüttelbox

1

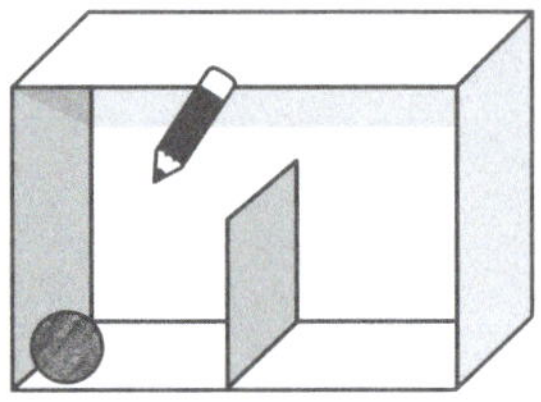

4 | □

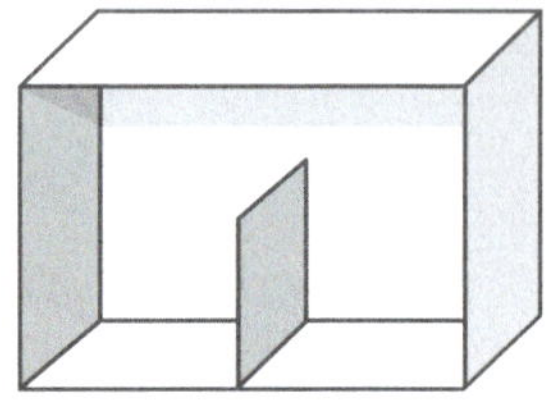

2 | □

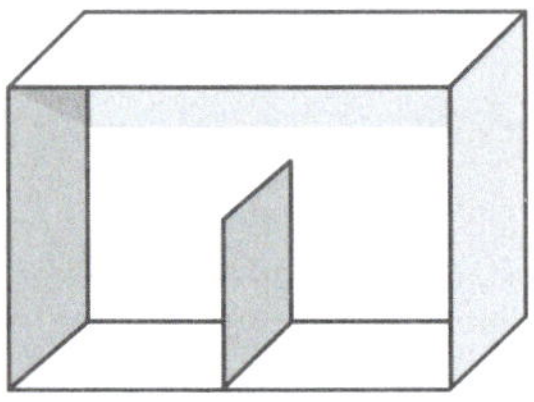

3 | □

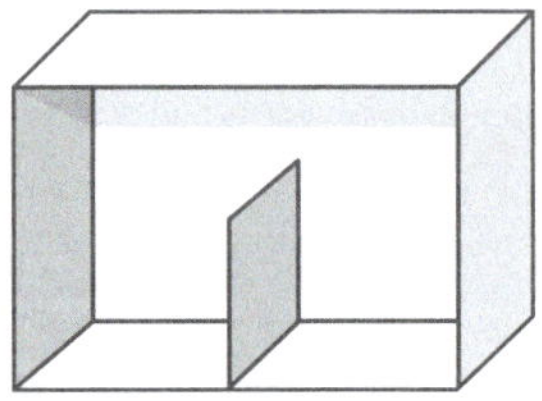

1 | □

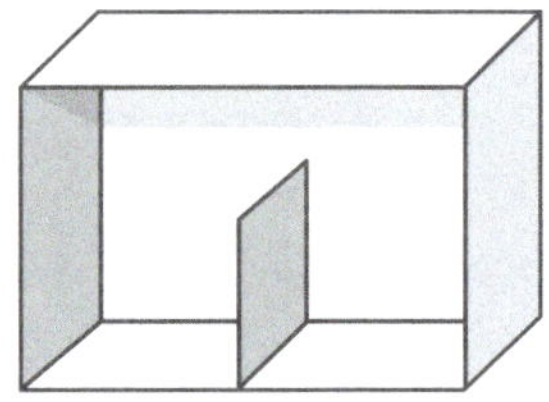

5 | □

2

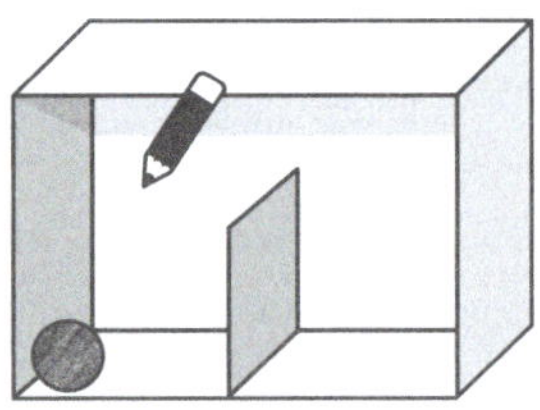

4 | □

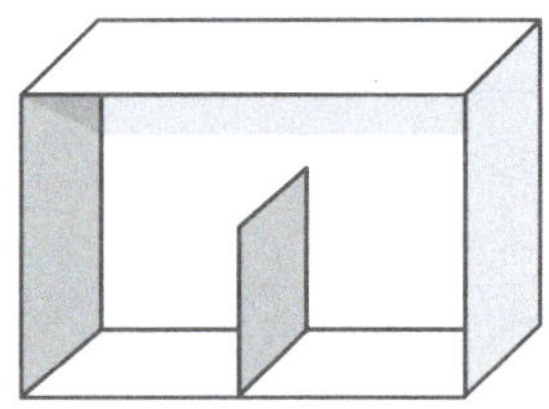

3 | □

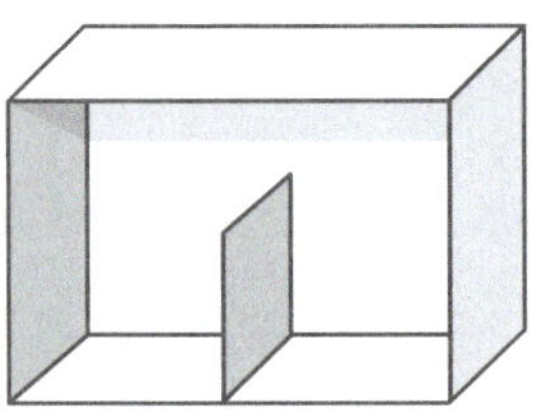

5 | □

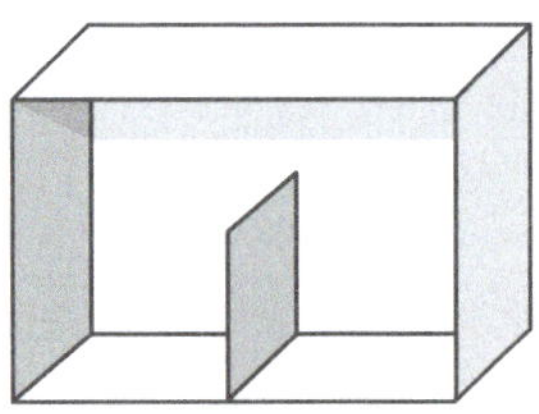

6 | □

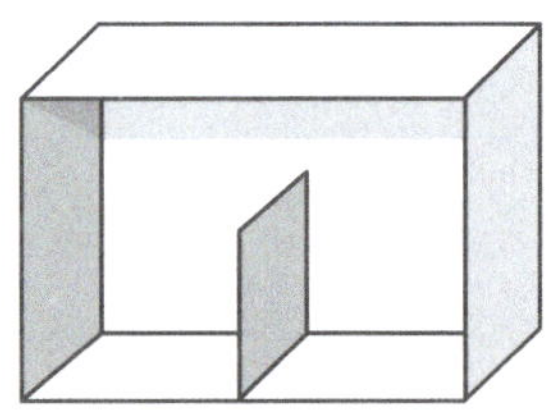

2 | □

QR-Code: Erklärvideo nutzen.
Evtl. Material nutzen. Die Teilmengen zeichnerisch darstellen.
Die Zerlegungen aufschreiben.

1

4

3 + 1

4

☐ + ☐

4

☐ ◯ ☐

4

☐ ◯ ☐

2

5

☐ ◯ ☐

5

☐ ◯ ☐

5

☐ ◯ ☐

3

6

☐ ◯ ☐

6

☐ ◯ ☐

Zerlegungen aufschreiben. Das Pluszeichen eintragen.

1

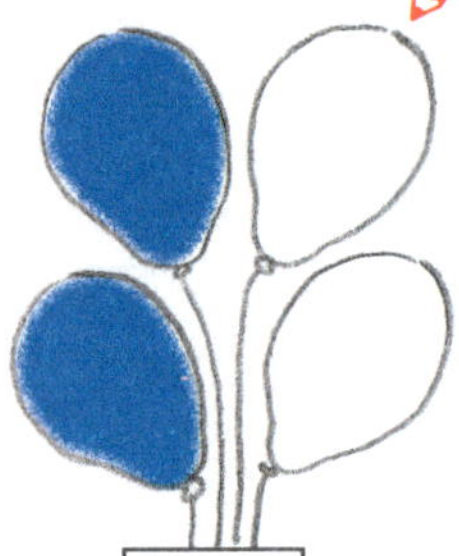

4

2 + 2

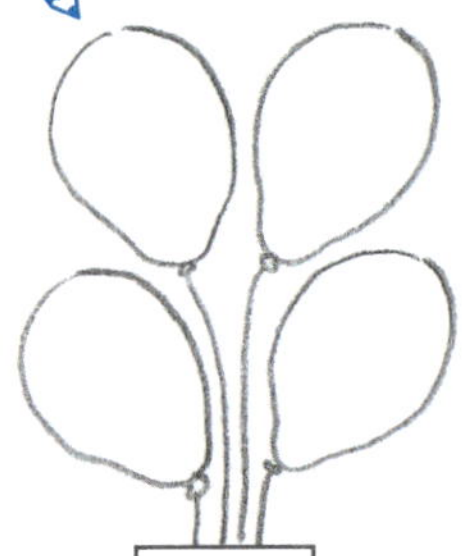

4

3 + 1

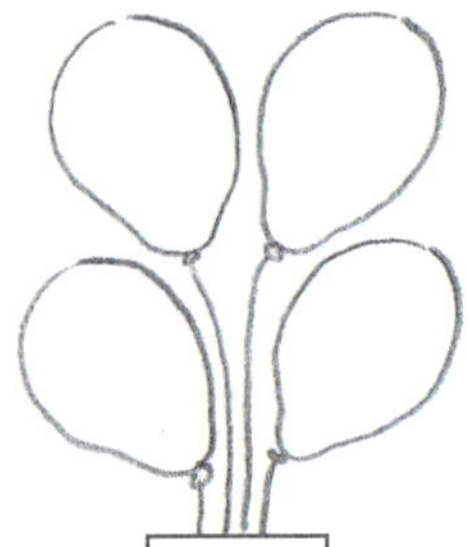

4

0 ◯ 4

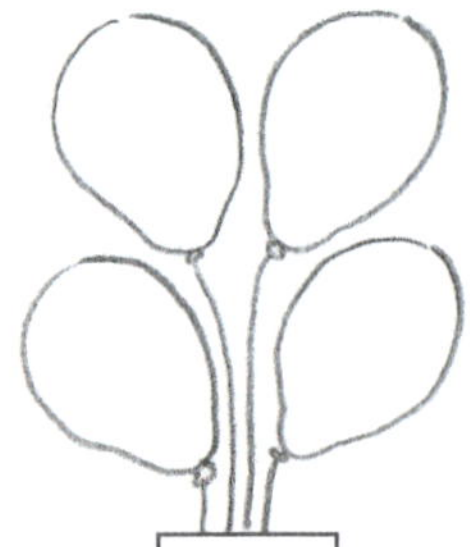

4

1 ◯ 3

2

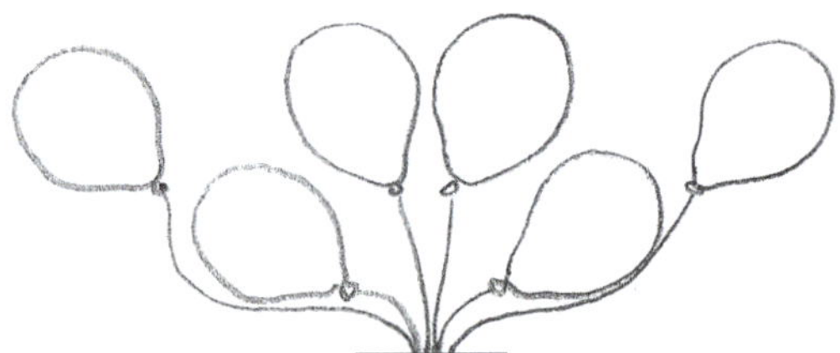

6

☐ ◯ ☐

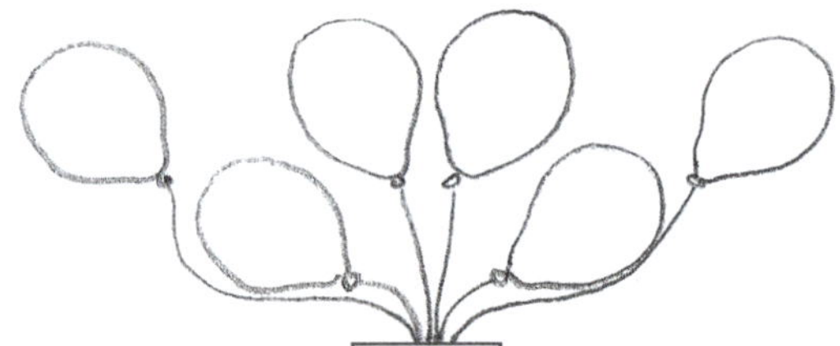

6

☐ ◯ ☐

3

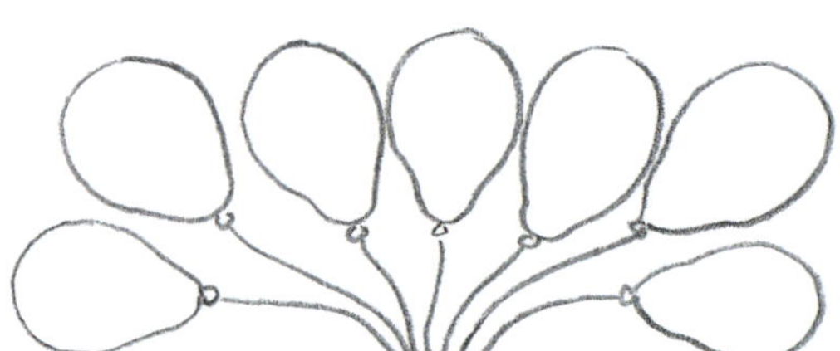

7

☐ ◯ ☐

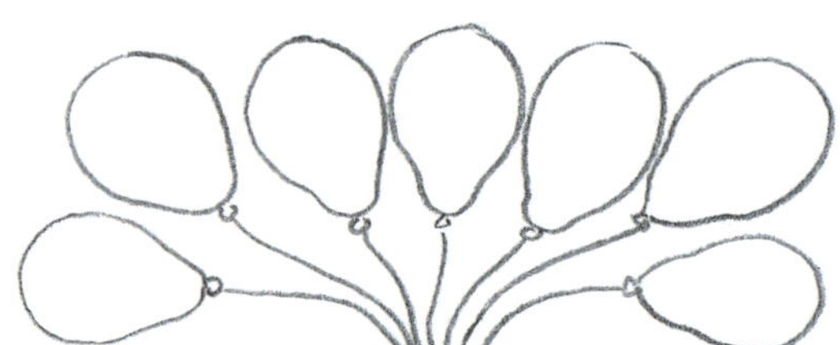

7

☐ ◯ ☐

Zerlegungen malen, Anzahlen bestimmen. Das Pluszeichen eintragen.
Verschiedene Möglichkeiten.

Zerlegen

Das Zerlegehaus

1

2		
0	+	2
1	+	
2	+	

2		
2	+	
1	+	
0	+	

2

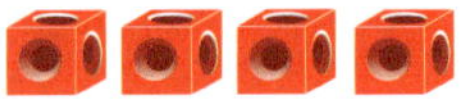

4		
0	+	
1	+	
2	+	
3	+	

4		
4	+	
3	+	
2	+	
1	+	

3

5		
0	+	
1	+	
2	+	
3	+	
4	+	

5		
5	+	
4	+	
3	+	
2	+	
1	+	

QR-Code: Erklärvideo nutzen.
Evtl. Material nutzen. Zahlen zerlegen.

1

3		
0	+	
1	+	
2	+	

3		
3	+	
2	+	
1	+	

2

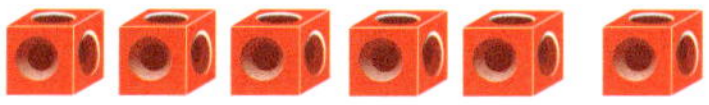

6		
0	+	
1	+	
2	+	
3	+	

6		
6	+	
5	+	
4	+	
3	+	

3

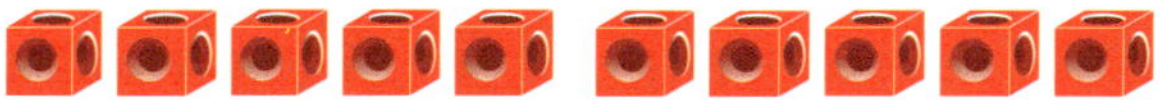

10		
0	+	
1	+	
2	+	
3	+	
4	+	

10		
10	+	
9	+	
8	+	
7	+	
6	+	

QR-Code: Erklärvideo nutzen.
Evtl. Material nutzen. Zahlen zerlegen.

1

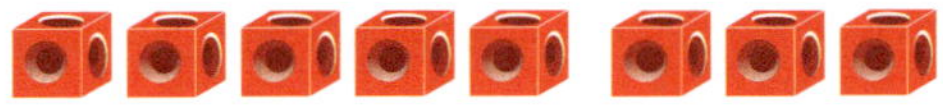

	8	
2	+	
4	+	
1	+	

	8	
0	+	
3	+	
6	+	

2

	7	
3	+	
6	+	
5	+	
2	+	

	7	
4	+	
7	+	
0	+	
1	+	

3

	9	
2	+	
5	+	
3	+	
1	+	
0	+	

	9	
6	+	
7	+	
4	+	
8	+	
9	+	

QR-Code: Erklärvideo nutzen.
Evtl. Material nutzen. Zahlen zerlegen.

1

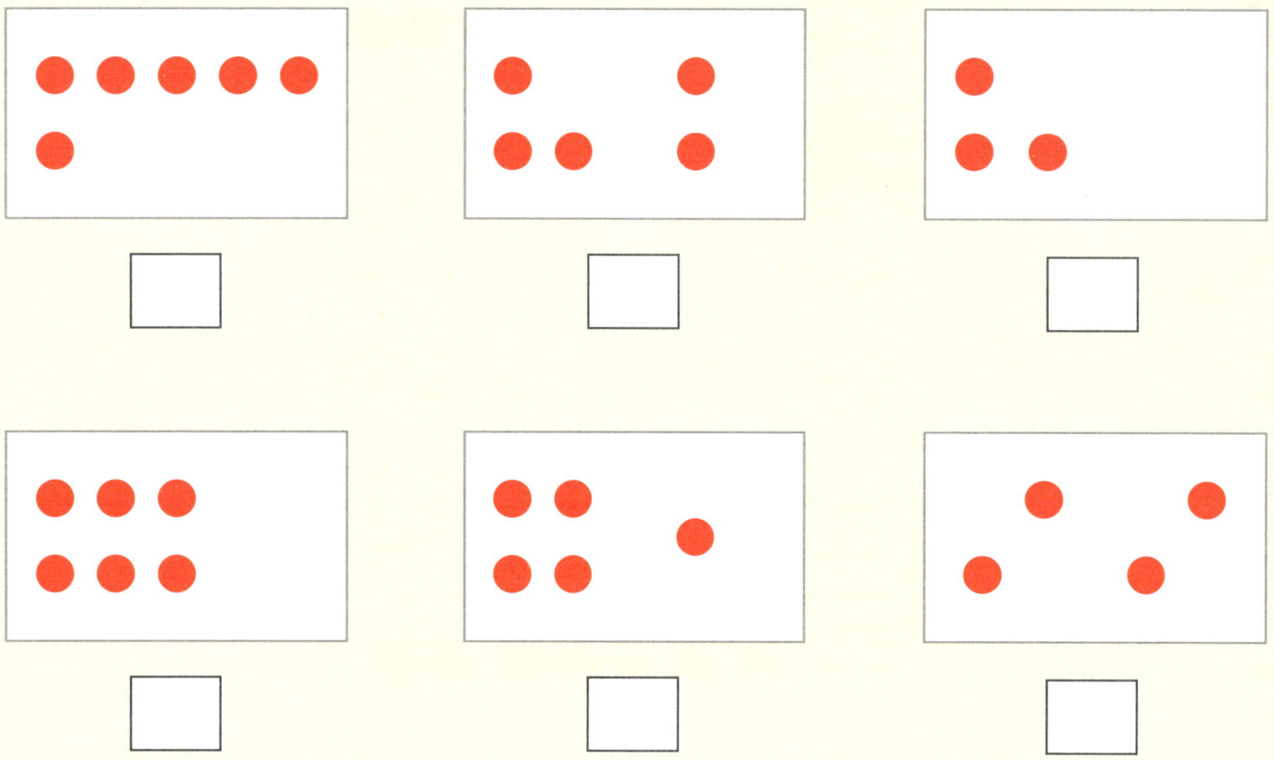

2 Zähle vorwärts.

0	1		3		5	6		8		10
0		2		4	5		7	8		10
	1		3		5			8	9	

3 Zähle rückwärts.

10	9	8		6		4		2		0
10		8	7			4	3		1	

1 Anzahlen bestimmen.
2 und 3 Fehlende Zahlen eintragen.

Das kann ich schon

1

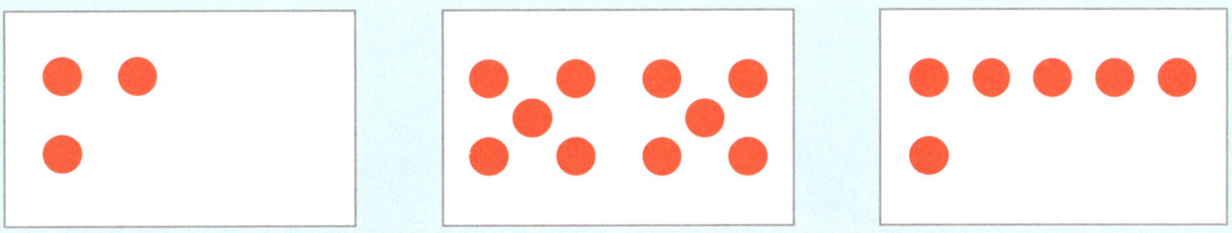

2 Zähle vorwärts.

0		2	3		5			8		10

	1		3	4			7		9	

0		2	3			6			9	

3

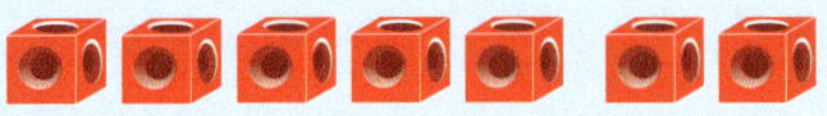

7		
3	+	
2	+	
4	+	
6	+	

7		
0	+	
5	+	
1	+	
7	+	

Zuerst Aufgaben lösen, dann selbst einschätzen.

1

1 + 1 = ____

2 + 2 = ____

1 + 2 = ____

3 + 1 = ____

3 + 2 = ____

2 + 1 = ____

2 + 3 = ____

4 + 2 = ____

QR-Code: Erklärvideo nutzen.
Rechengeschichten erzählen und rechnen. Den zweiten Summanden bestimmen.

1

2 + 3 = 5

2 + ___ = ___

2 + ___ = ___

1 + ___ = ___

3 + ___ = ___

2 + ___ = ___

4 + ___ = ___

3 + ___ = ___

QR-Code: Erklärvideo nutzen.
Rechengeschichten erzählen und rechnen.

Rechengeschichten
Addieren

1

1 + 1 = ___

___ + ___ = ___

___ + ___ = ___

___ + ___ = ___

___ + ___ = ___

___ + ___ = ___

___ + ___ = ___

___ + ___ = ___

QR-Code: Erklärvideo nutzen.
Rechengeschichten erzählen und rechnen.

Das Zehnerfeld

1

 2

 ___

 ___

 ___

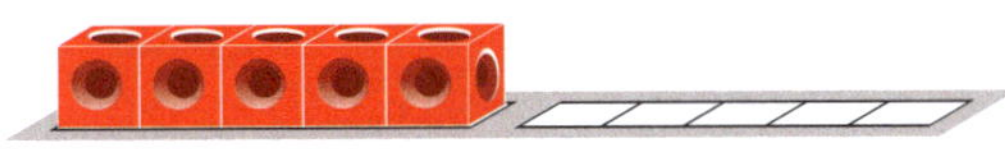 ___

 ___

 ___

 ___

 ___

 ___

2 Zähle vorwärts.

0	1			4		6		8		10
	1	2		4			7		9	10
0			3		5	6		8	9	

Steckwürfel auf das Zehnerfeld legen. Anzahlen bestimmen.

1

6 + 2 = ___

2

2 + 1 = 3

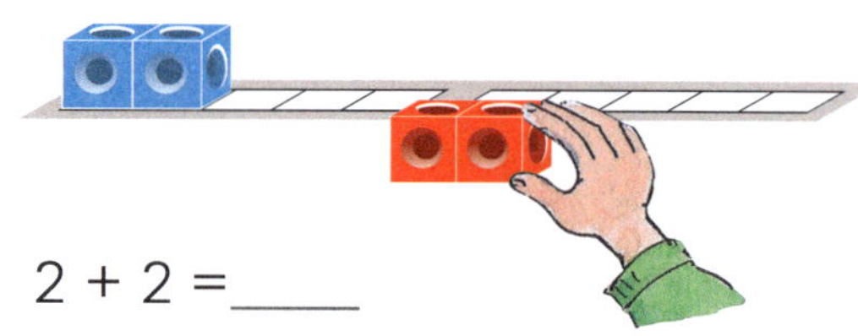

2 + 2 = ___

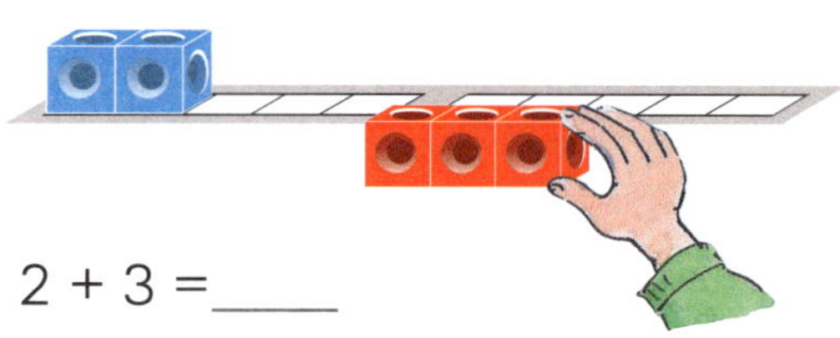

2 + 3 = ___

3 + 1 = ___

4 + 1 = ___

3 + 2 = ___

QR-Code: Erklärvideo nutzen.
Steckwürfel auf das Zehnerfeld legen. Rechnen.

Addieren

Das Zehnerfeld

1

4 + 1 = ____

4 + 2 = ____

3 + 3 = ____

3 + 2 = ____

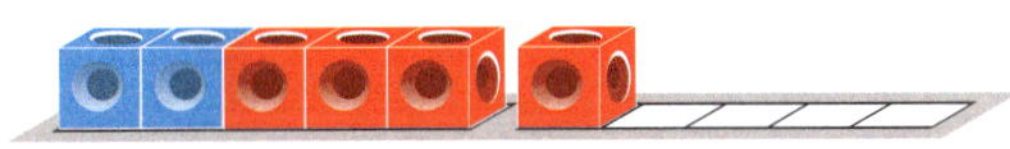

2 + 4 = ____

2 + 5 = ____

2

3 + 4 = ____

4 + 3 = ____

5 + 1 = ____

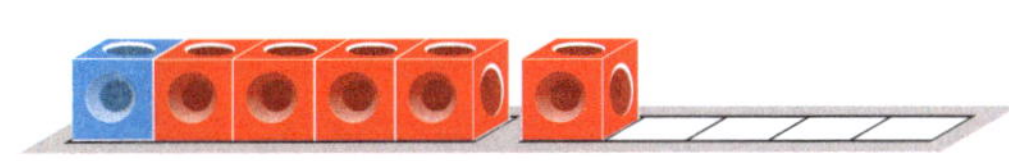

1 + 5 = ____

5 + 2 = ____

1 + 6 = ____

QR-Code: Erklärvideo nutzen.
Steckwürfel auf das Zehnerfeld legen. Rechnen.

1

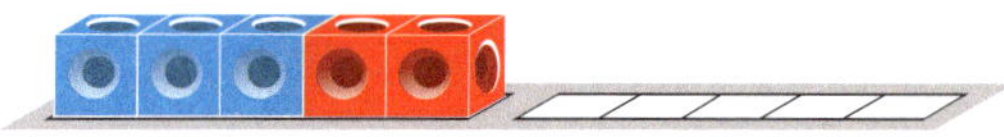

3 + 2 = ___

2 + ___ = ___

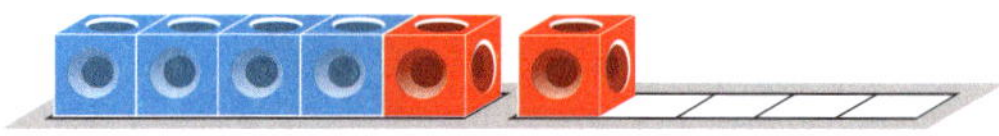

4 + ___ = ___

4 + ___ = ___

1 + ___ = ___

1 + ___ = ___

2

___ + ___ = ___

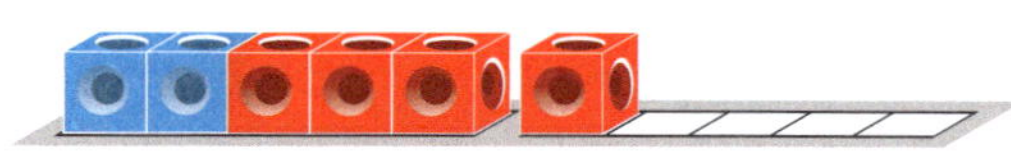

___ + ___ = ___

___ + ___ = ___

___ + ___ = ___

___ + ___ = ___

___ + ___ = ___

QR-Code: Erklärvideo nutzen.
Evtl. Material nutzen.

1

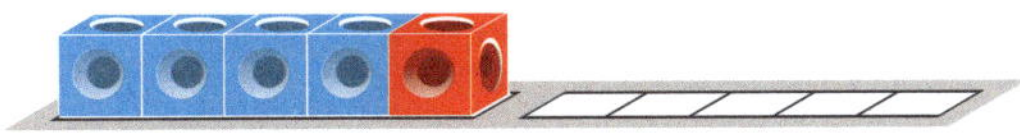

4 + 1 = ____

____ + ____ = ____

____ + ____ = ____

____ + ____ = ____

____ + ____ = ____

____ + ____ = ____

2

____ + ____ = ____

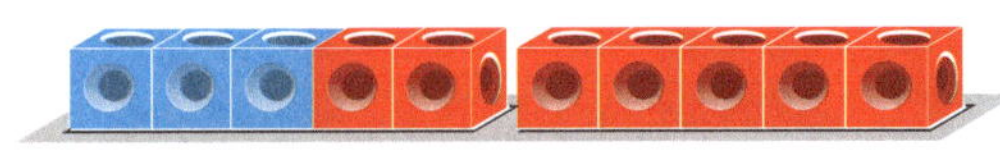

____ + ____ = ____

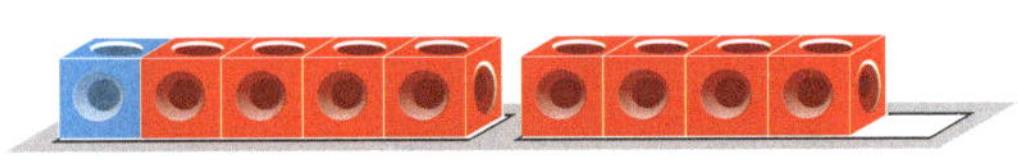

____ + ____ = ____

____ + ____ = ____

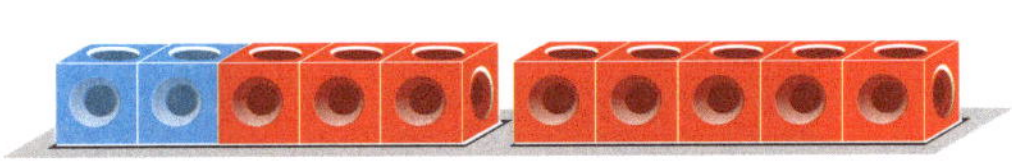

____ + ____ = ____

____ + ____ = ____

QR-Code: Erklärvideo nutzen.
Evtl. Material nutzen.

1

2 + 5 = ____

____ + ____ = ____

____ + ____ = ____

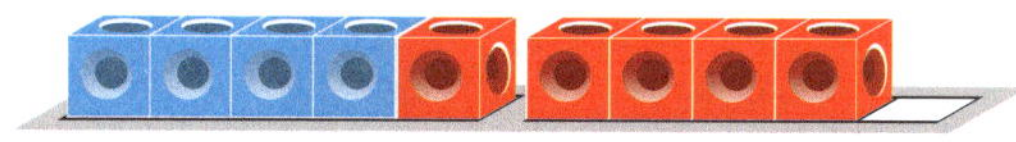

____ + ____ = ____

____ + ____ = ____

____ + ____ = ____

2

____ + ____ = ____

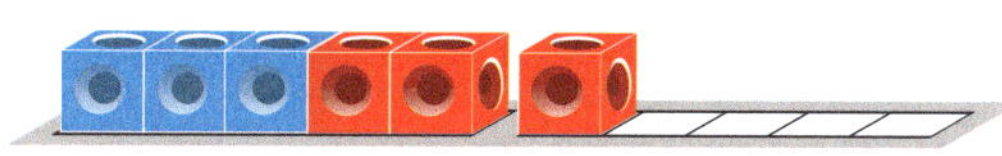

____ + ____ = ____

____ + ____ = ____

____ + ____ = ____

____ + ____ = ____

____ + ____ = ____

QR-Code: Erklärvideo nutzen.
Evtl. Material nutzen.

Addieren

Das Zehnerfeld

1

2 + 1 = ____

2 + 2 = ____

2 + 3 = ____

2 + 0 = ____

2 + 4 = ____

2 + 5 = ____

2

3 + 0 = ____

3 + 2 = ____

3 + 3 = ____

3 + 1 = ____

3 + 5 = ____

3 + 6 = ____

3

4 + 0 = ____

4 + 1 = ____

4 + 2 = ____

1 + 2 = ____

1 + 3 = ____

1 + 5 = ____

4

1 + 1 = ____

1 + 4 = ____

1 + 7 = ____

5 + 0 = ____

5 + 3 = ____

5 + 5 = ____

QR-Code: Erklärvideo nutzen.
Steckwürfel auf das Zehnerfeld legen. Rechnen.

1

3 + 7 = ____ 4 + 6 = ____

3 + 4 = ____ 4 + 4 = ____

3 + 5 = ____ 4 + 3 = ____

2

5 + 2 = ____ 6 + 3 = ____

5 + 4 = ____ 6 + 0 = ____

5 + 1 = ____ 6 + 2 = ____

3

2 + 7 = ____ 7 + 2 = ____

2 + 0 = ____ 7 + 0 = ____

2 + 6 = ____ 7 + 1 = ____

4

4 + 1 = ____ 3 + 3 = ____

4 + 5 = ____ 3 + 6 = ____

4 + 2 = ____ 3 + 2 = ____

QR-Code: Erklärvideo nutzen.
Steckwürfel auf das Zehnerfeld legen. Rechnen.

1

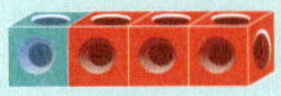

1 + 3 = ____

3 + 1 = ____

4 + 1 = ____

1 + 4 = ____

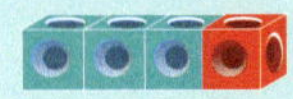

3 + 1 = ____

1 + 3 = ____

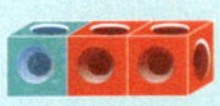

1 + 2 = ____

2 + 1 = ____

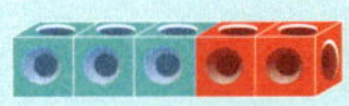

3 + 2 = ____

2 + 3 = ____

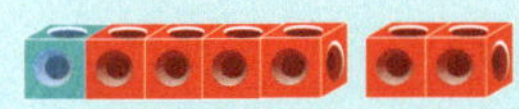

1 + 6 = ____

6 + 1 = ____

2

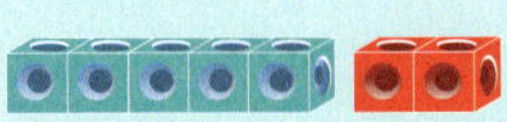

5 + 2 = ____

2 + 5 = ____

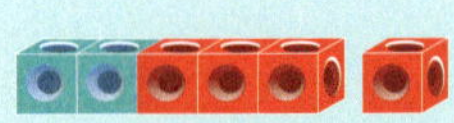

2 + 4 = ____

4 + 2 = ____

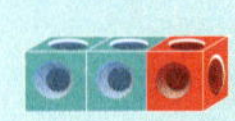

2 + 1 = ____

1 + 2 = ____

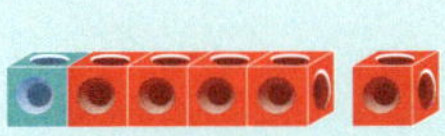

1 + 5 = ____

5 + 1 = ____

3 + 5 = ____

5 + 3 = ____

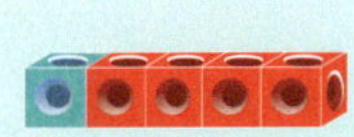

1 + 4 = ____

4 + 1 = ____

QR-Code: Erklärvideo nutzen.
Evtl. Material legen. Jeweils Aufgabe und Taunschaufgabe rechnen.

1

1 + 2 = ___
2 + 1 = ___

4 + 0 = ___
0 + 4 = ___

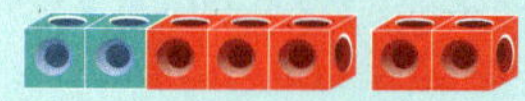

2 + 5 = ___
5 + 2 = ___

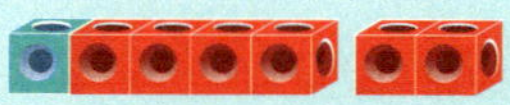

1 + 6 = ___
___ + ___ = ___

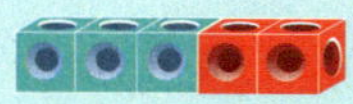

3 + 2 = ___
___ + ___ = ___

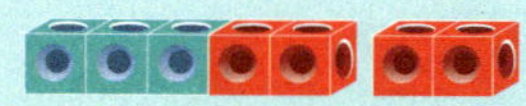

3 + 4 = ___
___ + ___ = ___

2

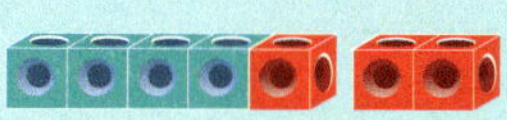

4 + 3 = ___
___ + ___ = ___

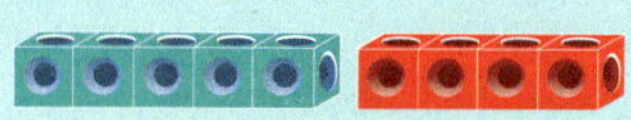

5 + 4 = ___
___ + ___ = ___

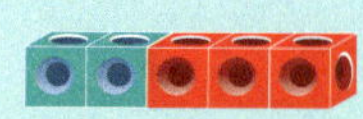

2 + 3 = ___
___ + ___ = ___

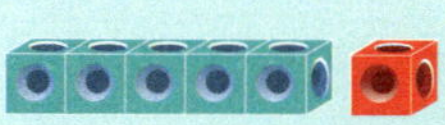

5 + 1 = ___
___ + ___ = ___

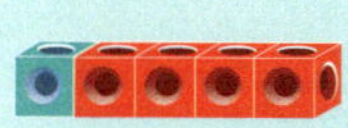

1 + 4 = ___
___ + ___ = ___

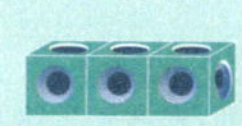

3 + 0 = ___
___ + ___ = ___

QR-Code: Erklärvideo nutzen.
Evtl. Material nutzen.
Jeweils Aufgabe und Tauschaufgabe rechnen.

1 Setze fort und rechne.

1	+	1	=	___
1	+	2	=	___
1	+	3	=	___
1	+	4	=	___
1	+	5	=	___
1	+	6	=	___

2	+	0	=	___
2	+	1	=	___
2	+	2	=	___
2	+	3	=	___
2	+	___	=	___
2	+	___	=	___

2

3	+	1	=	___
3	+	2	=	___
3	+	3	=	___
3	+	4	=	___
3	+	___	=	___
3	+	___	=	___

4	+	0	=	___
4	+	1	=	___
4	+	2	=	___
4	+	___	=	___
4	+	___	=	___
4	+	___	=	___

3

1	+	5	=	___
2	+	4	=	___
3	+	3	=	___
4	+	2	=	___
___	+	___	=	___
___	+	___	=	___

0	+	0	=	___
1	+	1	=	___
2	+	2	=	___
3	+	___	=	___
___	+	___	=	___
___	+	___	=	___

QR-Code: Erklärvideo nutzen.
Starke Päckchen fortsetzen und rechnen.

1 Kreise ein. Setze fort und rechne.

3 + 0 = ___
3 + 1 = ___
3 + 2 = ___
3 + 3 = ___
3 + 4 = ___
3 + ___ = ___

2 + 2 = ___
2 + 3 = ___
2 + 4 = ___
2 + 5 = ___
2 + ___ = ___
2 + ___ = ___

2

1 + 3 = ___
1 + 4 = ___
1 + 5 = ___
1 + ___ = ___
1 + ___ = ___
1 + ___ = ___

5 + 0 = ___
5 + 1 = ___
5 + 2 = ___
5 + ___ = ___
5 + ___ = ___
5 + ___ = ___

3

0 + 5 = ___
1 + 4 = ___
2 + 3 = ___
3 + ___ = ___
___ + ___ = ___
___ + ___ = ___

1 + 9 = ___
2 + 8 = ___
3 + 7 = ___
4 + ___ = ___
___ + ___ = ___
___ + ___ = ___

QR-Code: Erklärvideo nutzen.
Starke Päckchen einkreisen, fortsetzen und rechnen.

1 Zähle vorwärts.

0	1		3	4		6		8		10

0		2			5		7		9	

2 Zähle rückwärts.

10		8		6		4		2		0

10			7		5	4			1	0

3

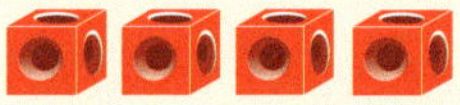

4		
0	+	
1	+	
2	+	

4		
4	+	
3	+	
2	+	

4

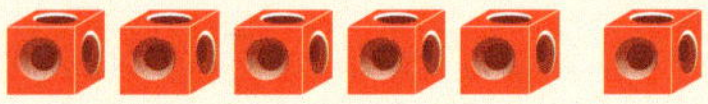

6		
0	+	
1	+	
2	+	
3	+	
4	+	

6		
2	+	
3	+	
4	+	
5	+	
6	+	

1 und 2 Fehlende Zahlen notieren.
3 und 4 Material nutzen. Zahlen zerlegen.

1

2 + 2 = ____

2 + 3 = ____

2

____ + ____ = ____

____ + ____ = ____

3

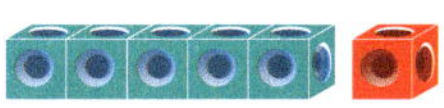

5 + 1 = ____

____ + ____ = ____

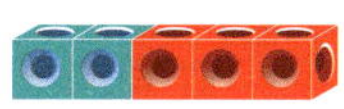

2 + 3 = ____

____ + ____ = ____

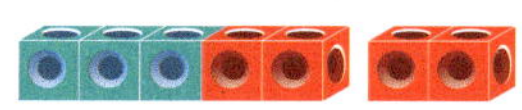

3 + 4 = ____

____ + ____ = ____

4

2 + 2 = ____	5 + 0 = ____
2 + 3 = ____	5 + 2 = ____
2 + 5 = ____	5 + 4 = ____

Zuerst Aufgaben lösen, dann selbst einschätzen.

1

Vorher waren es 3 Kinder.

1 Kind fährt weg.

3 – 1 = ____

Jetzt sind es ____ Kinder.

2

Vorher waren es 3 Kinder.

2 Kinder fahren weg.

3 – 2 = ____

Jetzt ist es ____ Kind.

3

Vorher waren es 4 Kinder.

2 Kinder fahren weg.

4 – 2 = ____

Jetzt sind es ____ Kinder.

QR-Code: Erklärvideo nutzen.
Rechengeschichten erzählen und rechnen.

1

Vorher waren es 5 Kinder.

1 Kind fährt weg.

Jetzt sind es ____ Kinder.

5 − ____ = ____

2

Vorher waren es 5 Kinder.

2 Kinder fahren weg.

Jetzt sind es ____ Kinder.

5 − ____ = ____

3

Vorher waren es 5 Kinder.

3 Kinder fahren weg.

Jetzt sind es ____ Kinder.

5 − ____ = ____

QR-Code: Erklärvideo nutzen.
Rechengeschichten erzählen und rechnen.

1

3 − 2 = ____

3 − 1 = ____

4 − 2 = ____

4 − 1 = ____

5 − 2 = ____

5 − 3 = ____

6 − 3 = ____

6 − 4 = ____

QR-Code: Erklärvideo nutzen.
Rechengeschichten erzählen und rechnen.

Rechengeschichten
Subtrahieren

1

6 – 4 = ____

6 – ____ = ____

7 – ____ = ____

7 – ____ = ____

8 – ____ = ____

8 – ____ = ____

9 – ____ = ____

9 – ____ = ____

QR-Code: Erklärvideo nutzen.
Rechengeschichten erzählen und passende Gleichung notieren.

Subtrahieren

Das Zehnerfeld

1

7 – 2 = ____

2

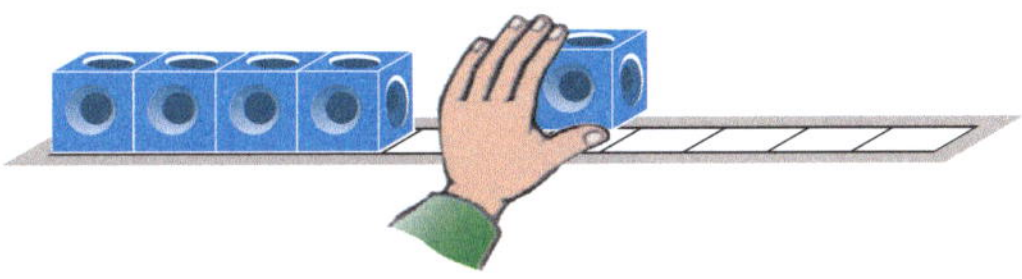

5 – 1 = ____

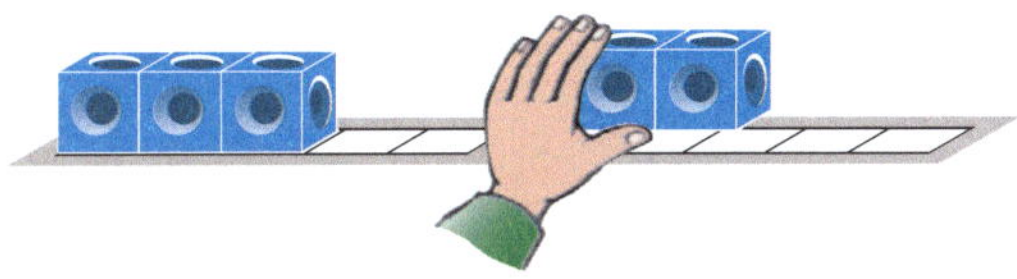

5 – 2 = ____

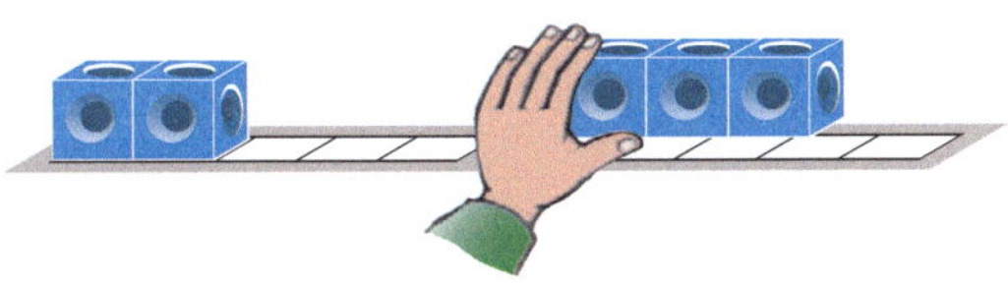

5 – 3 = ____

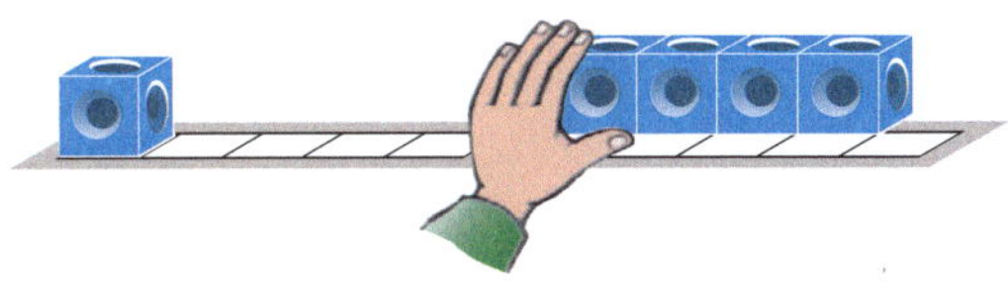

5 – 4 = ____

3

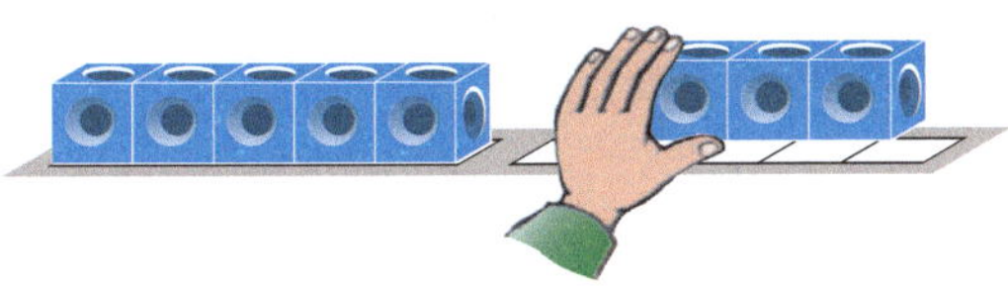

8 – 3 = ____

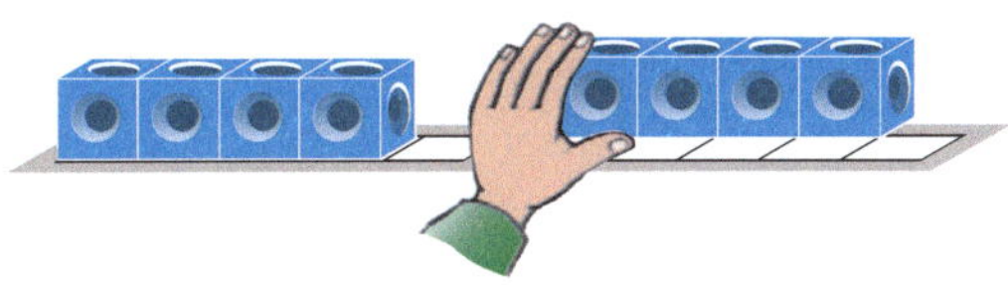

8 – 4 = ____

QR-Code: Erklärvideo nutzen.
Evtl. Steckwürfel auf das Zehnerfeld legen und wegnehmen. Rechnen.

Subtrahieren
Das Zehnerfeld

1

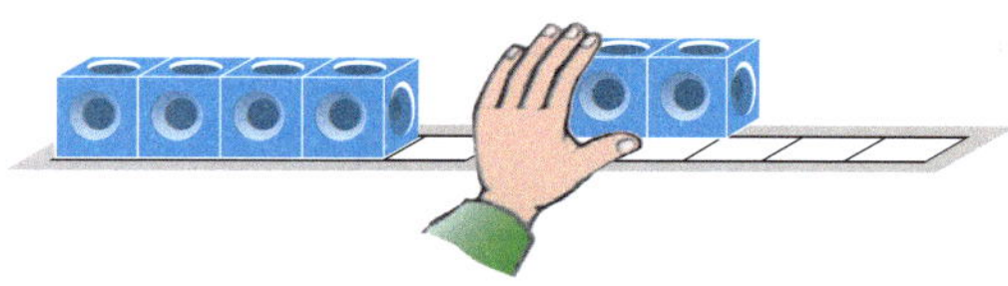

$6 - 2 =$ ____

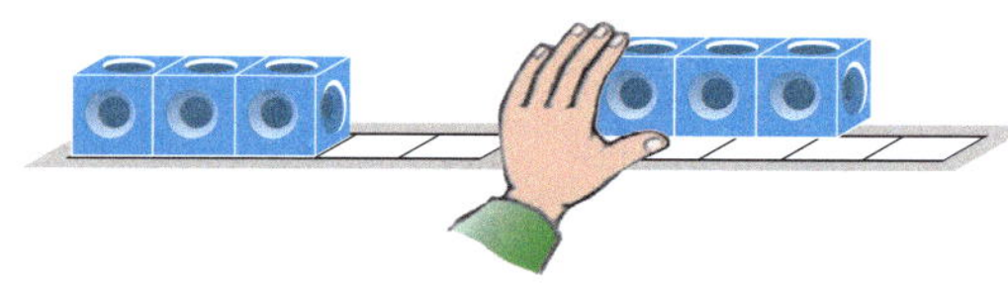

$6 - 3 =$ ____

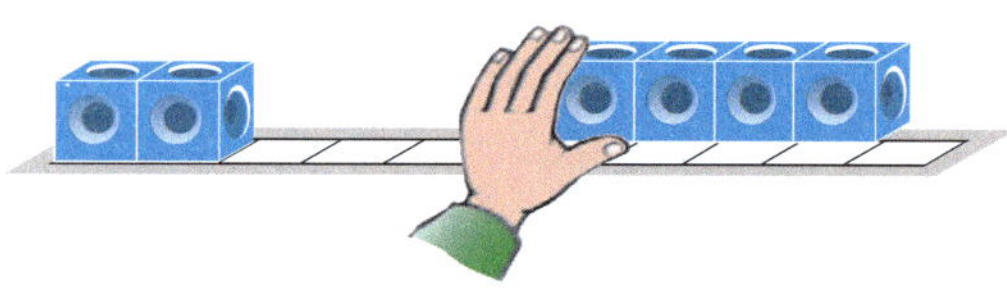

$6 - 4 =$ ____

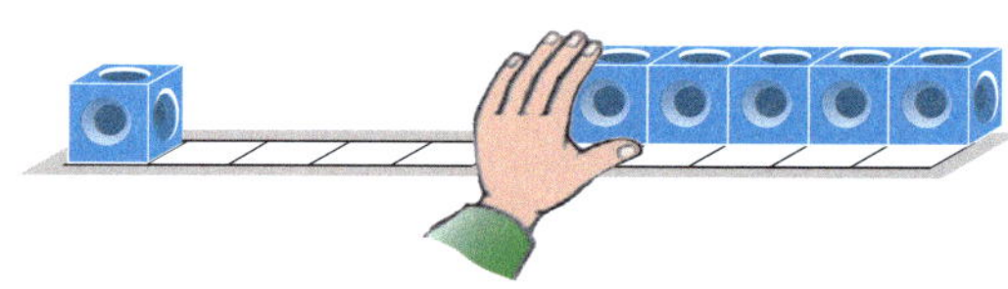

$6 - 5 =$ ____

2

$9 - 2 =$ ____

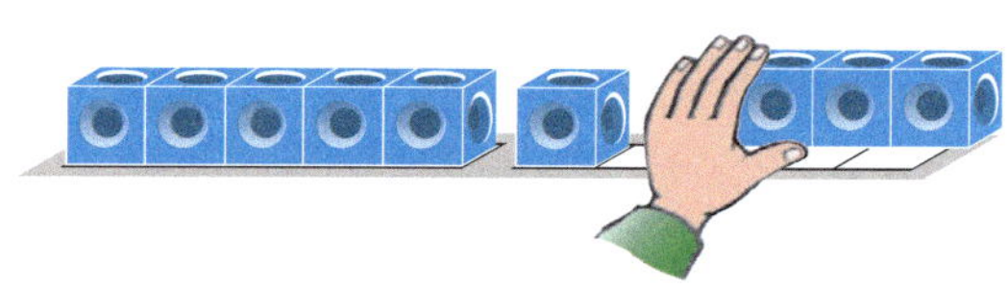

$9 - 3 =$ ____

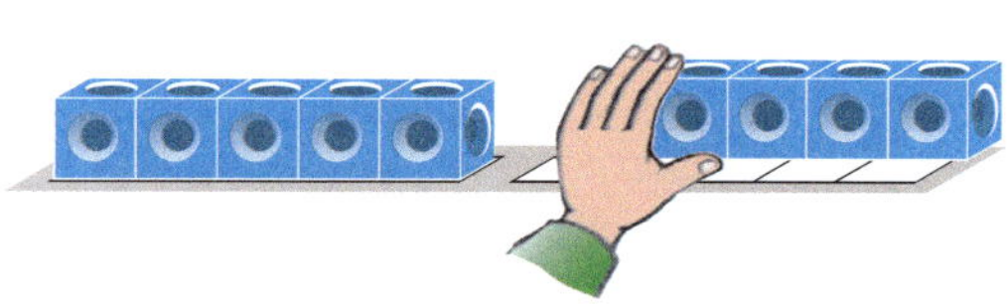

$9 - 4 =$ ____

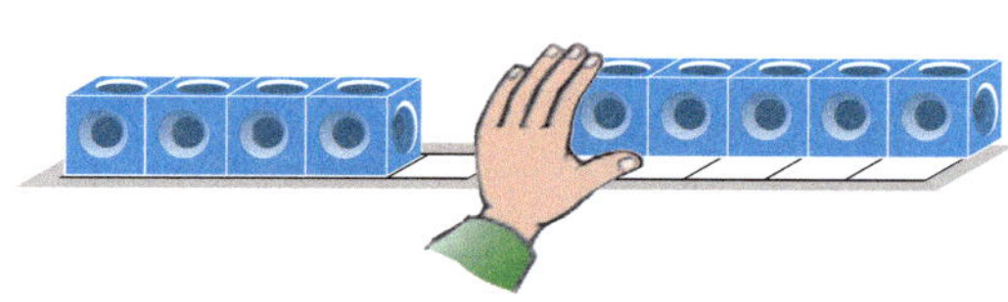

$9 - 5 =$ ____

QR-Code: Erklärvideo nutzen.
Steckwürfel auf das Zehnerfeld legen und wegnehmen. Rechnen.

1

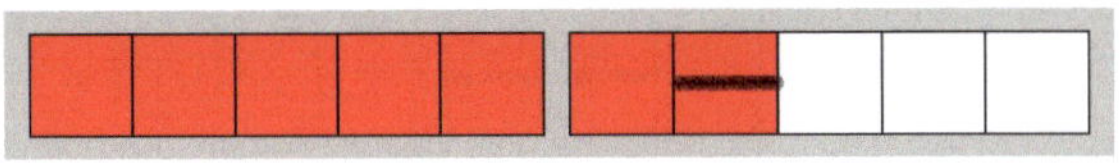

7 – 1 = ____

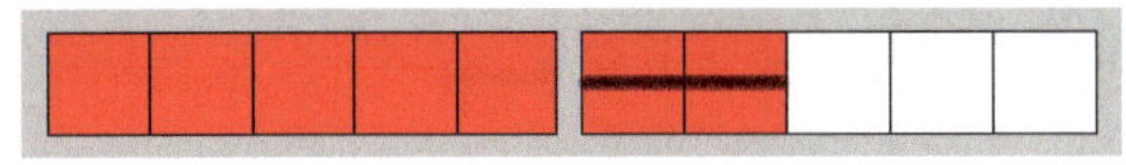

7 – 2 = ____

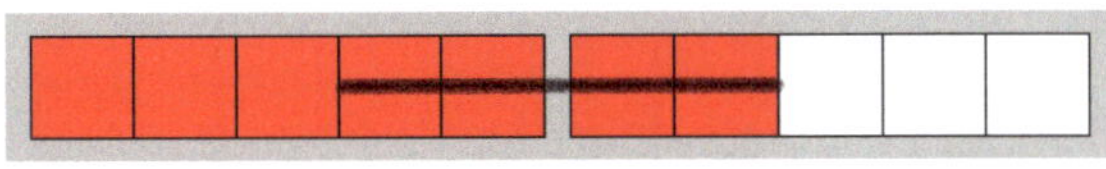

7 – 4 = ____

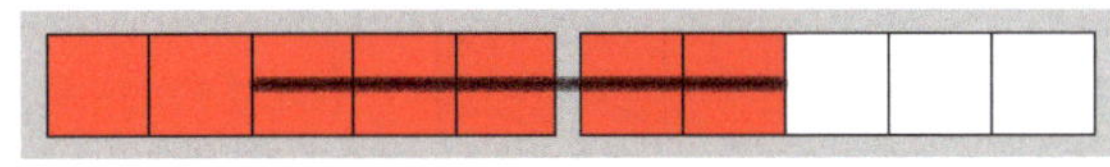

7 – 5 = ____

2

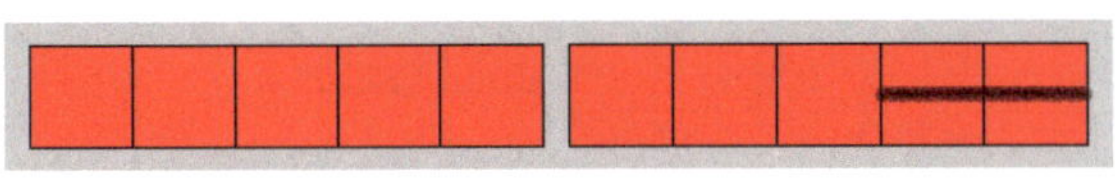

10 – 2 = ____

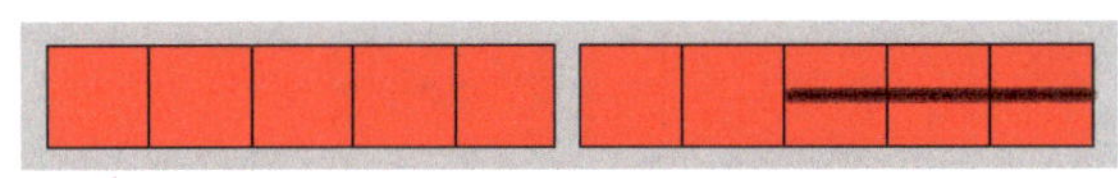

10 – 3 = ____

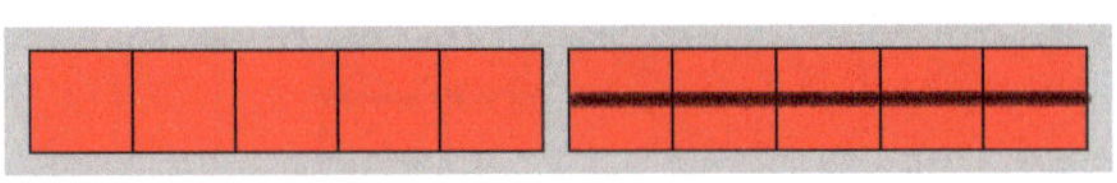

10 – 5 = ____

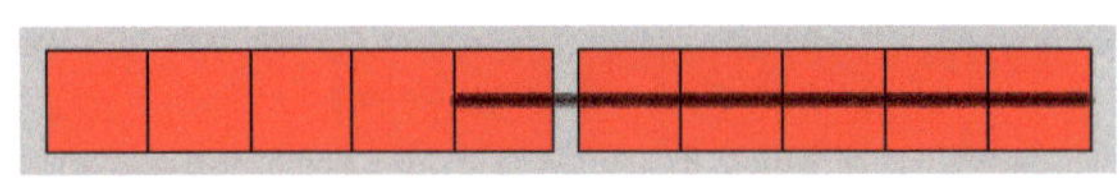

10 – 6 = ____

3

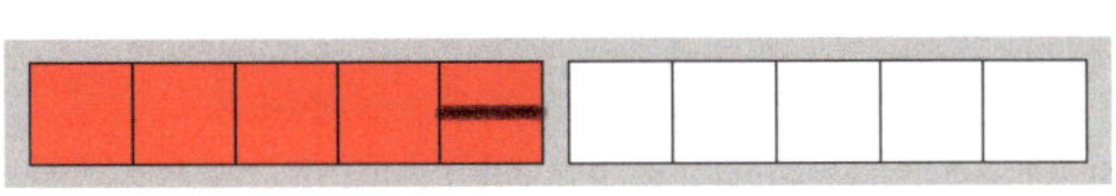

5 – 1 = ____

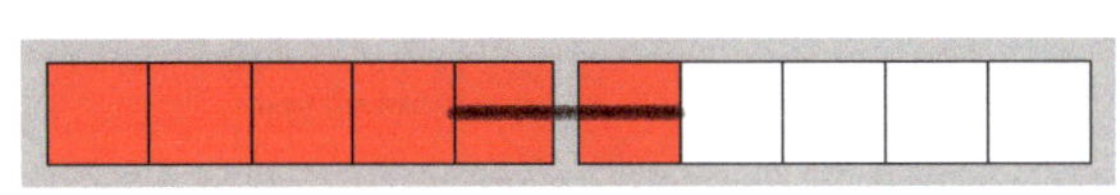

6 – 2 = ____

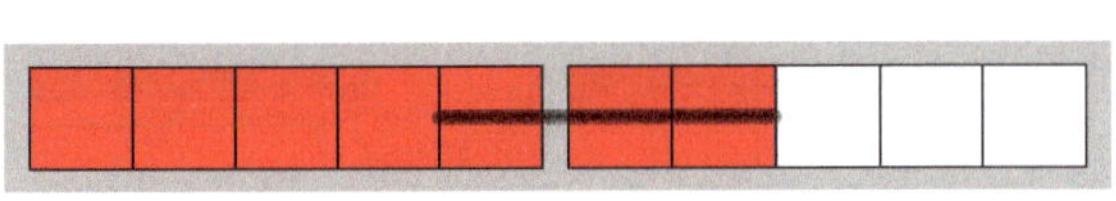

7 – 3 = ____

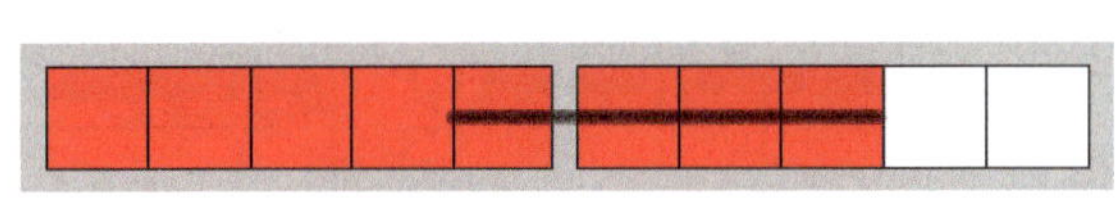

8 – 4 = ____

QR-Code: Erklärvideo nutzen.

1

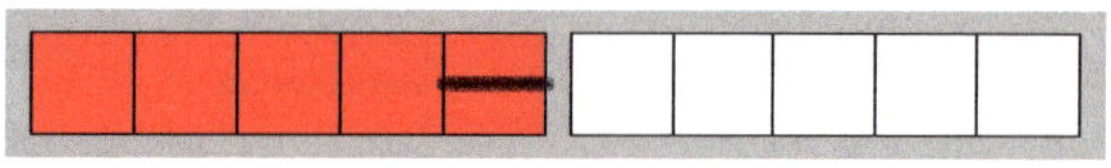

5 − 1 = ____

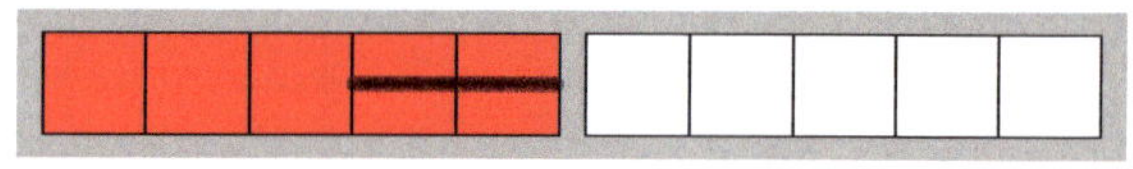

5 − ____ = ____

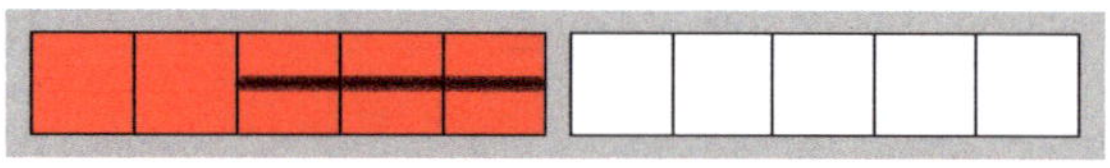

5 − ____ = ____

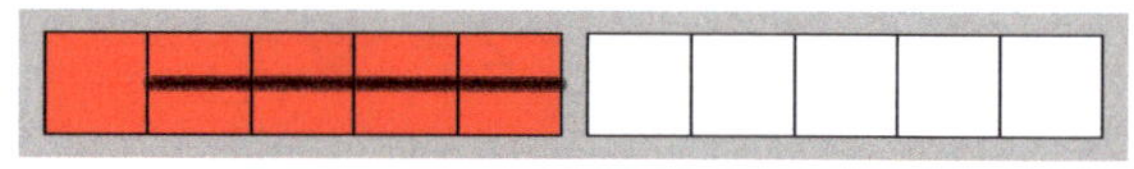

5 − ____ = ____

2

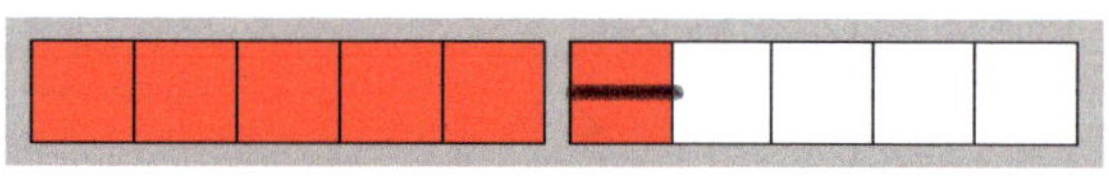

6 − ____ = ____

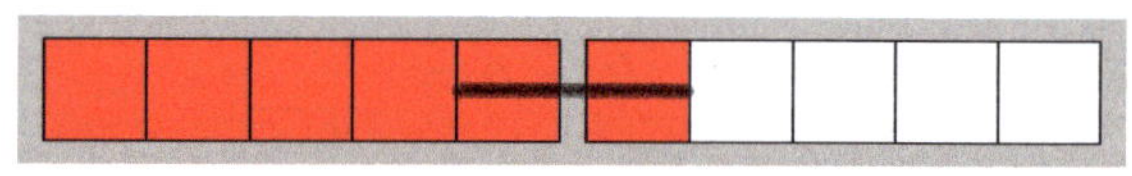

6 − ____ = ____

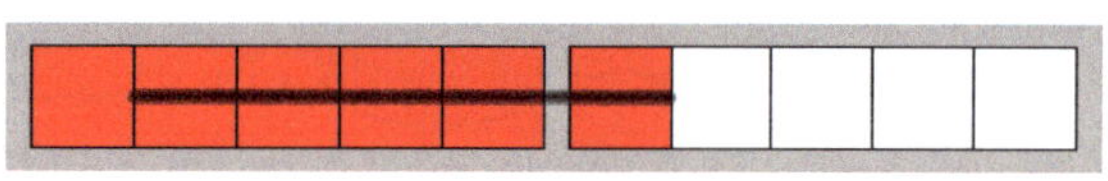

6 − ____ = ____

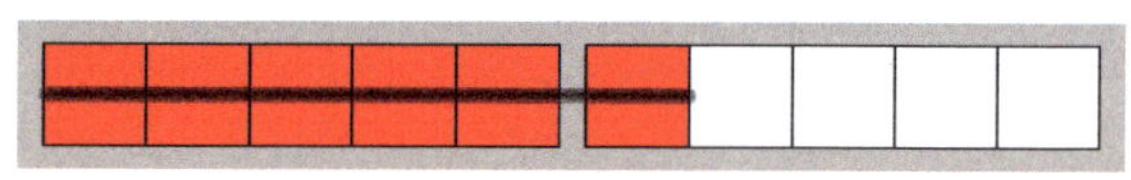

6 − ____ = ____

3

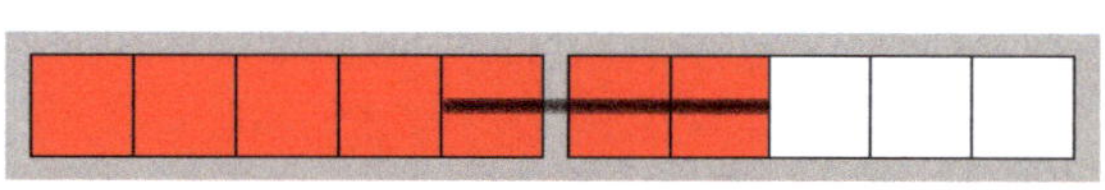

7 − ____ = ____

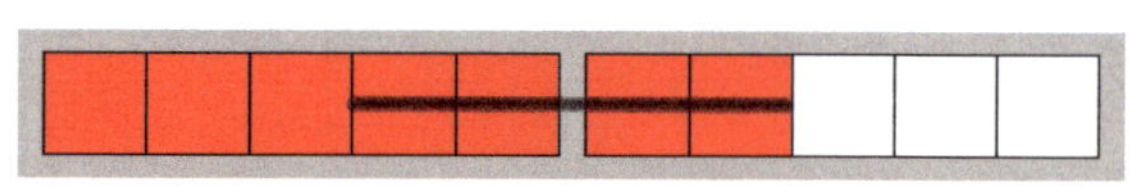

7 − ____ = ____

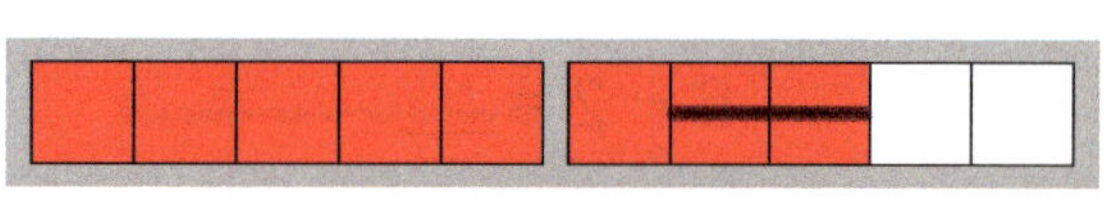

8 − ____ = ____

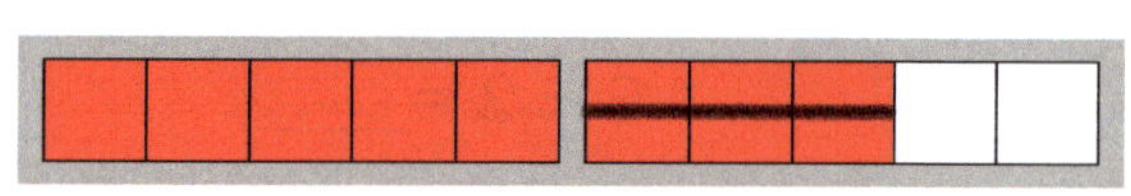

8 − ____ = ____

QR-Code: Erklärvideo nutzen.

1

2 − 2 = 0

2 − 1 = ____

2 − 0 = ____

3 − 3 = ____

3 − 2 = ____

3 − 1 = ____

2

4 − 4 = ____

4 − 1 = ____

4 − 3 = ____

4 − 2 = ____

4 − 0 = ____

3

5 − 3 = ____

5 − 5 = ____

5 − 1 = ____

5 − 2 = ____

5 − 0 = ____

5 − 4 = ____

4

6 − 1 = ____

6 − 3 = ____

6 − 4 = ____

6 − 0 = ____

6 − 2 = ____

6 − 6 = ____

QR-Code: Erklärvideo nutzen.
Evtl. Steckwürfel auf das Zehnerfeld legen und wegnehmen. Rechnen.

1

7 − 6 = ____ | 7 − 3 = ____
7 − 5 = ____ | 7 − 2 = ____
7 − 4 = ____ | 7 − 1 = ____

2

8 − 7 = ____ | 8 − 6 = ____
8 − 4 = ____ | 8 − 1 = ____
8 − 2 = ____ | 8 − 5 = ____

3

9 − 8 = ____ | 9 − 5 = ____
9 − 3 = ____ | 9 − 7 = ____
9 − 4 = ____ | 9 − 6 = ____

4

10 − 7 = ____ | 10 − 6 = ____
10 − 5 = ____ | 10 − 2 = ____
10 − 3 = ____ | 10 − 9 = ____

Evtl. Steckwürfel auf das Zehnerfeld legen und wegnehmen. Rechnen.

1 Setze fort und rechne.

6 − 0 = ___
6 − 1 = ___
6 − 2 = ___
6 − 3 = ___
6 − 4 = ___
6 − ___ = ___

6 − 1 = ___
6 − 2 = ___
6 − 3 = ___
6 − 4 = ___
6 − ___ = ___
6 − ___ = ___

2

8 − 1 = ___
8 − 2 = ___
8 − 3 = ___
8 − 4 = ___
8 − ___ = ___
8 − ___ = ___

8 − 2 = ___
8 − 3 = ___
8 − 4 = ___
8 − ___ = ___
8 − ___ = ___
8 − ___ = ___

3

10 − 9 = ___
9 − 8 = ___
8 − 7 = ___
7 − 6 = ___
6 − ___ = ___
___ − ___ = ___

9 − 5 = ___
8 − 4 = ___
7 − 3 = ___
6 − ___ = ___
___ − ___ = ___
___ − ___ = ___

Starke Päckchen fortsetzen und rechnen.

1 Kreise ein. Setze fort und rechne.

7	−	0	=	___
7	−	1	=	___
7	−	2	=	___
7	−	3	=	___
7	−	4	=	___
7	−	___	=	___

7	−	2	=	___
7	−	3	=	___
7	−	4	=	___
7	−	5	=	___
7	−	___	=	___
7	−	___	=	___

2

9	−	3	=	___
9	−	4	=	___
9	−	5	=	___
9	−	6	=	___
9	−	___	=	___
9	−	___	=	___

9	−	4	=	___
9	−	5	=	___
9	−	6	=	___
9	−	___	=	___
9	−	___	=	___
9	−	___	=	___

3

10	−	5	=	___
9	−	4	=	___
8	−	3	=	___
7	−	2	=	___
6	−	___	=	___
___	−	___	=	___

9	−	7	=	___
8	−	6	=	___
7	−	5	=	___
6	−	___	=	___
___	−	___	=	___
___	−	___	=	___

Starke Päckchen einkreisen, fortsetzen und rechnen.

1

5		
5	+	0
4	+	
2	+	
0	+	

6		
5	+	
3	+	
2	+	
4	+	

2

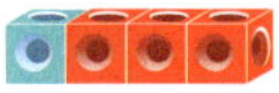

1 + 3 = ___

3 + ___ = ___

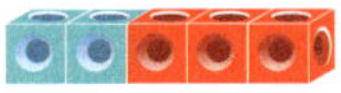

2 + 3 = ___

___ + ___ = ___

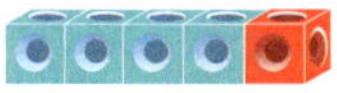

4 + 1 = ___

___ + ___ = ___

6 + 2 = ___

___ + ___ = ___

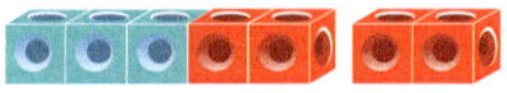

3 + 4 = ___

___ + ___ = ___

2 + 7 = ___

___ + ___ = ___

3 Kreise ein. Setze fort und rechne.

4 + 1 = ___
4 + 2 = ___
4 + 3 = ___
4 + 4 = ___
4 + ___ = ___
4 + ___ = ___

0 + 9 = ___
1 + 8 = ___
2 + 7 = ___
3 + ___ = ___
___ + ___ = ___
___ + ___ = ___

3 Starke Päckchen einkreisen, fortsetzen und rechnen.

Das kann ich schon

1

4 – 1 = ____

5 – 3 = ____

2

5 – ____ = ____

6 – ____ = ____

3

6 – ___ = ____

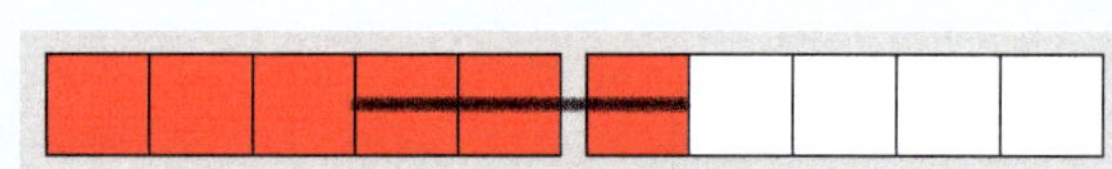

6 – ___ = ____

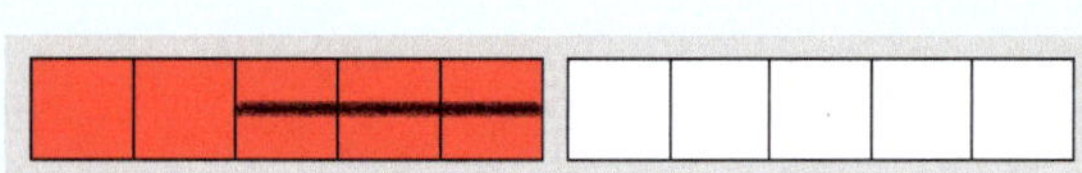

5 – ___ = ____

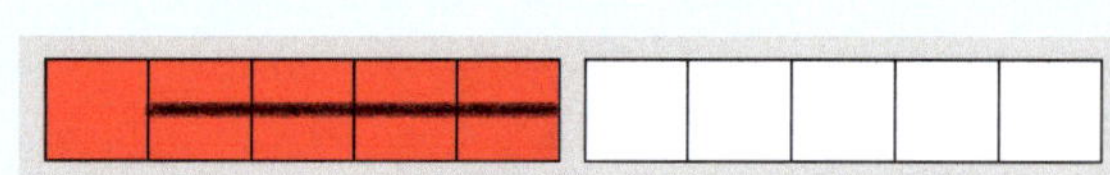

5 – ___ = ____

4

5 – 1 = ____

5 – 2 = ____

5 – 4 = ____

10 – 4 = ____

10 – 6 = ____

10 – 8 = ____

Zuerst Aufgaben lösen, dann selbst einschätzen.